Entre los títulos de esta serie
EDITADOS Y CON INTRODUCCIONES POR MARY-ALICE WATERS

Che Guevara sobre economía y política en la transición al socialismo
CARLOS TABLADA (2024, 1997)

Nuestra historia aún se está escribiendo
ARMANDO CHOY, GUSTAVO CHUI, MOISÉS SÍO WONG (2017, 2005)

Cuba y Angola: La guerra por la libertad
HARRY VILLEGAS (2017)

Las mujeres en Cuba: Haciendo una revolución dentro de la revolución
VILMA ESPÍN, ASELA DE LOS SANTOS, YOLANDA FERRER (2012)

El capitalismo y la transformación de África
MARY-ALICE WATERS, MARTÍN KOPPEL (2009)

Cuba y la revolución norteamericana que viene
JACK BARNES (2007)

La Primera y Segunda Declaración de La Habana
(2007)

Marianas en combate
TETÉ PUEBLA (2003)

De la sierra del Escambray al Congo
VÍCTOR DREKE (2002)

October 1962: The 'Missile' Crisis as Seen from Cuba
TOMÁS DIEZ ACOSTA (2002)

Playa Girón/Bahía de Cochinos
FIDEL CASTRO Y JOSÉ RAMÓN FERNÁNDEZ (2001)

Che Guevara habla a la juventud
(2000)

Haciendo historia
ENTREVISTAS CON CUATRO GENERALES CUBANOS (1999)

¡Qué lejos hemos llegado los esclavos!
NELSON MANDELA Y FIDEL CASTRO (1991)

LOS CINCO CUBANOS hablan sobre su vida en la clase trabajadora norteamericana

"Son los pobres quienes enfrentan el salvajismo del sistema de 'justicia' en EE.UU."

LOS CINCO CUBANOS hablan sobre su vida en la clase trabajadora norteamericana

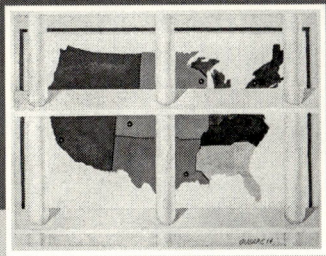

"Son los pobres quienes enfrentan el salvajismo del sistema de 'justicia' en EE.UU."

Pathfinder
Nueva York   Londres   Montreal   Sydney

Editado por Mary-Alice Waters

Texto en español a cargo de Martín Koppel

Copyright © 2016 por Pathfinder Press
Todos los derechos reservados conforme a la ley
All rights reserved

ISBN 978-1-60488-086-1
Número de Control de la Biblioteca del Congreso
(Library of Congress Control Number) 2015960285
Hecho e impreso en Estados Unidos de América
Manufactured in the United States of America

Primera edición, 2016
Sexta impresión, 2024

DISEÑO DE LA PORTADA: Toni Gorton
SOBRE LA IMAGEN DE LA PORTADA:
> *Cinco distantes prisiones* de Antonio Guerrero
> "Se escogieron cinco distantes puntos para enviarnos a cumplir nuestras injustas sentencias: Gerardo a California. Ramón a Texas. René a Pennsylvania. Fernando a Wisconsin. Yo a Colorado… Pero nada pudo impedir que los Cinco siguiéramos siendo uno; que recibiéramos mensajes de cientos de amigos de todo el mundo. Nada pudo impedir que junto a nuestro pueblo y nuestros amigos solidarios marcháramos unidos en la larga batalla por la justicia y por nuestra libertad". —ANTONIO GUERRERO, AGOSTO DE 2014

Pathfinder
www.pathfinderpress.com
Email: pathfinder@pathfinderpress.com

TABLA DE MATERIAS

Introducción
    Mary-Alice Waters   11

**NINGUNO DE LOS CINCO BUSCÓ
APLAUSOS, PREMIO O GLORIA**

    Cinco soldados, fieles a las ideas
de Martí, Che, Fidel y Raúl
    Gerardo Hernández   23

    Recibieron sus honrosos títulos
porque no lo buscaron
    Fidel Castro   27

**SON LOS POBRES QUIENES ENFRENTAN
EL SALVAJISMO DEL SISTEMA DE 'JUSTICIA' EN EE.UU.**

    *Gerardo Hernández, Ramón Labañino, Antonio Guerrero,
Fernando González, René González*

    1. La razón por la que hay tantas personas presas
en EE.UU. no es por el nivel de criminalidad   33

    2. En las prisiones de EE.UU. buscan
deshumanizarte; en Cuba un preso
es otro ser humano más   53

    3. Ofrecimos solidaridad a otros en la prisión
y también la recibimos   69

    4. La solidaridad mundial nos dio la fuerza
para resistir los peores momentos   91

    5. Estamos en una batalla de ideas
y la vamos a dar   103

OCUPAREMOS UNA TRINCHERA Y SEREMOS JUZGADOS POR NUESTRO TRABAJO

   Vivíamos en un micromundo del mundo exterior
     Gerardo Hernández   115

   Ninguna batalla librada por revolucionarios termina con lo que alguna vez hiciste
     Antonio Guerrero, René González, Fernando González   125

Fotos e ilustraciones

Sección de fotos: Los Cinco en la prisión	56
Sección de fotos: Los Cinco en Cuba	104
La decisión del jurado, acuarela de Antonio Guerrero	10
Los Cinco condecorados como Héroes de la República de Cuba, La Habana, febrero 2015	22
Fidel Castro se reúne con los Cinco, La Habana, febrero 2015	28
Los Cinco Cubanos hablan sobre su vida en la clase trabajadora en EE.UU., La Habana, agosto 2015	32
Estudiantes preuniversitarios cubanos en protesta contra sanciones económicas de EE.UU., La Habana, mayo 2004	34
Gerardo Hernández frente a fábrica UNICOR, prisión federal de Lompoc, noviembre 2003	54
Eladio "Fantomas" Bouza con Gerardo Hernández (2003) y Ramón Labañino (2008)	79
Ramon Labañino con otros cubanos en prisión federal de Jesup, Georgia, julio 2011	80

Solidaridad con independentistas puertorriqueños
  Oscar López y Carlos Alberto Torres
  (Nueva York 2014, San Juan 2010)   *89*

Venezuela (mayo 2015) y Sudáfrica (junio 2015),
  los Cinco agradecen a partidarios y
  brindan solidaridad   *97*

Protesta en Baltimore contra asesinato
  por la policía, abril 2015; marcha en Chicago
  por $15 la hora y sindicato, noviembre 2015   *98*

Aparatos de tortura hallados en estación
  de policía tras ser derrocada la tiranía
  de Batista, Santa Clara, Cuba, enero 1959   *118*

Los Cinco intercambian con estudiantes en Cujae,
  universidad de ciencias e ingeniería,
  La Habana, febrero 2015   *126*

Cartas a los Cinco de niños de EE.UU.;
  muestra de acuarelas de Antonio Guerrero,
  Harlem, mayo 2014   *130–31*

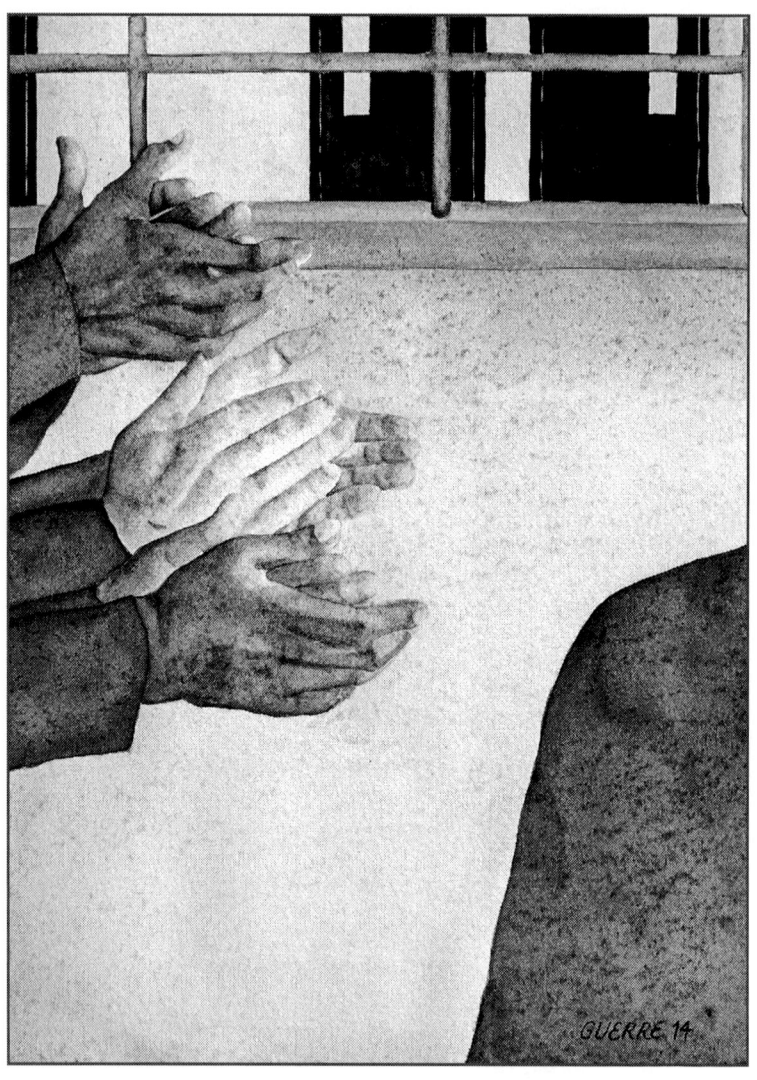

La decisión del jurado, acuarela de Antonio Guerrero.

"El 8 de junio de 2001, después que el jurado nos encontró culpables regresamos tarde a la prisión. Para nuestra sorpresa, fuimos recibidos con fuertes aplausos por la gran mayoría de la población penal con la que habíamos convivido durante esos meses de juicio… Fue lo que bien pudiéramos llamar el primer acto de solidaridad con nuestra causa". —*Antonio Guerrero*

Introducción

POR MARY-ALICE WATERS

El trasfondo de todo lo que pasó no es la figura de nosotros como individuos, sino el pueblo de Cuba que representamos.

ANTONIO GUERRERO
FEBRERO DE 2015

El 12 de septiembre de 1998, en redadas de "shock y pavor" efectuadas antes del amanecer por la policía federal de la administración de Clinton, el gobierno norteamericano arrestó a 10 cubanos que vivían y trabajaban en el sur de Florida. Anunciaron al mundo que habían capturado una red de "espías de Castro". Cinco de los arrestados no tardaron en aceptar un arreglo para colaborar con sus carceleros y desaparecieron de la historia.

Los otros cinco, a partir de ese momento, comenzaron a escribir un nuevo capítulo en la historia de la Revolución Cubana. Un nuevo capítulo en la lucha de la clase trabajadora internacional y de las masas populares para liberarse de la opresión imperialista y la explotación capitalista.

Gerardo Hernández, Ramón Labañino, Antonio Guerrero, Fernando González y René González son conocidos hoy en todo el mundo como los Cinco Cubanos, y en Cuba como los Cinco Héroes.

Frente a las intensas presiones de los fiscales de Washington, cada uno de los Cinco rehusó volverse traidor a sí mismo y a la revolución que defendía. Ellos desdeñaron las amenazas, los alicientes y su destierro de 17 meses en el "hueco". Se negaron a declararse culpables de los cargos fabricados por el gobierno norteamericano contra ellos o a "negociar sentencias" con los fiscales. Defendieron con orgullo el trabajo que estaban haciendo para proteger a su pueblo contra ataques terroristas librados impunemente desde suelo estadounidense por enemigos cubanos de la revolución. Explicaron cómo y por qué sus acciones también beneficiaban los intereses de la gran mayoría del pueblo de Estados Unidos.

Con inquebrantable dignidad y confianza, los Cinco se enfrentaron al pleno "salvajismo" del sistema de justicia capitalista que describen en estas páginas.

Enjuiciados y declarados culpables de cargos falsos que incluían conspiración para cometer espionaje y, en el caso de Gerardo Hernández, conspiración para cometer asesinato, los Cinco pasaron más de 16 años ayudando a dirigir —con su conducta y su ejemplo tras las rejas— al "jurado de millones" a nivel internacional que se formó en torno a la lucha por su libertad.

El 17 de diciembre de 2014, esa batalla culminó con una victoria. El gobierno estadounidense conmutó las sentencias de Gerardo, Ramón y Antonio, los tres que permanecían presos. Fueron recibidos en su país con una explosión espontánea de alegría por parte de millones de cubanos que se volcaron a las calles. "A partir de ese instante", dijo Antonio, "todo ese tiempo de prisión se borró".

El año desde su excarcelación ha sido tiempo para compartir la alegría de reunificarse con sus familias: una victoria "contra todo el ensañamiento del imperio más poderoso de la historia" que pretendía "separarlas, destruirlas, dividirlas y humillarlas", según las palabras de René. También ha sido un año de "bajar a la tierra", como ha expresado Ramón, de aprender directamente de los pueblos de Cuba y del mundo al ir "aterrizando y actualizándonos", dejando atrás los años de muros y barrotes.

INTRODUCCIÓN

Para Cuba la liberación de los Cinco fue una precondición para responder a un cambio más amplio en la política de Washington, mantenida durante 55 años, de negarse a reconocer la legitimidad del gobierno y de las instituciones creadas por la victoriosa revolución socialista cubana. El día que los Cinco se volvieron a unir en suelo cubano, el presidente Raúl Castro de Cuba y el presidente Barack Obama de Estados Unidos anunciaron que se reanudarían las relaciones diplomáticas entre los dos países, que Washington rompió en 1961.

Al hacer ese anuncio, Obama reconoció que la trayectoria política aplicada por 11 administraciones, tanto demócratas como republicanas, no había logrado los objetivos de los gobernantes norteamericanos. A pesar de décadas de estrangulación económica, intentos de aislamiento diplomático, calumnias políticas y provocaciones por parte de Washington —sin mencionar los años de operaciones terroristas, intentos de asesinato, una fallida invasión y hasta la amenaza de la aniquilación nuclear— el pueblo trabajador cubano aún rehusaba someterse a sus dictámenes. Era hora de intentar métodos diferentes.

■

Son los pobres quienes enfrentan el salvajismo del sistema de "justicia" en EE.UU.: Los Cinco Cubanos hablan sobre su vida en la clase trabajadora norteamericana no es un relato que mira atrás hacia las duras condiciones del presidio o a la batalla que logró su libertad. Más bien mira hacia el futuro, abordando algo aún más importante.

¿Qué hizo posible que los Cinco Cubanos pudieran actuar como lo hicieron durante esos 16 años? ¿Qué fue lo que los preparó para dar el ejemplo que dieron?

De repente, en septiembre de 1998, no solo eran revolucionarios cubanos que vivían y trabajaban en Estados Unidos en condiciones precarias y temporales como otros trabajadores inmigrantes, al mismo tiempo que realizaban una labor importante en defensa de su patria. En un solo día se convirtieron en revolucionarios y comunistas cubanos que estaban profundamente inmersos en la clase trabajadora estadounidense.

Como millones de otras personas, vivieron en carne propia el significado de la "justicia" capitalista en Estados Unidos, lo que Ramón llama "una maquinaria enorme para moler hombres". En Estados Unidos, el país con la mayor tasa de encarcelamiento del mundo, hoy día unos 7 millones de hombres y mujeres —cifra que equivale a casi dos tercios de la población de Cuba— viven entre rejas o están sometidos a alguna forma de libertad vigilada o condicional bajo supervisión judicial.

"Vivíamos en un micromundo del mundo exterior", subraya Gerardo. "Conocimos problemas de muchísimos lugares".

A través de estos años los Cinco aprendieron desde adentro sobre la lucha de clases en Estados Unidos. Y entre otras cosas descubrieron, para su sorpresa, según escribe Ramón, el impacto que ha tenido la victoriosa Revolución Cubana entre segmentos importantes de trabajadores y jóvenes en Estados Unidos.

Son los pobres quienes enfrentan el salvajismo del sistema de "justicia" en EE.UU. habla de las realidades de las relaciones de clases sin exageraciones o distorsiones. Los Cinco recurren a sus propias experiencias con un excepcional grado de comprensión, objetividad y sentido de humor.

■

"Cualquiera puede escribir un poema", dice Antonio a los estudiantes de la principal universidad de ciencias y tecnología en La Habana. "Pero pasar 17 meses en el hueco y 16 años de prisión y que no haya una sola obra que destile el mínimo odio... Eso es producto de nuestra formación como revolucionarios. Es algo que pudimos hacer gracias a la revolución".

Las palabras de Antonio expresan una de las cosas más importantes que el lector hallará en estas páginas. Como explican Antonio y René a los estudiantes, lo único que los preparó para esa mañana en septiembre de 1998 fue la propia Revolución Cubana y la trayectoria seguida por la dirección revolucionaria desde el comienzo. Lo que los preparó fue la formación y los valores (la formación y los valores proletarios internacionalistas, diría yo) que habían interiorizado desde jóvenes en Cuba.

"Vamos a poner el ejemplo de la situación en la que nos encontramos cuando nos arrestaron en 1998", dice Antonio.

> Te ponen delante un tipo que te está pidiendo reconocer una cosa que no hiciste. Te dice que si "cooperas", tienes la opción de volver a tener todas las cosas materiales que tenías, de no perder tu vida normal.
>
> Si no, te dice el hombre, "te vamos a dar una sentencia tan larga que te vas a morir en la cárcel".
>
> Entonces tienes que estar preparado. Tienes que haber formado ya dentro de ti ese ser que sabe lo que debe hacer en ese momento determinado. Una vez que pasas la prueba y dices no, te empiezas a dar cuenta que eres más feliz que los que te rodean. La gente te ve y dice: "Oye, ¿por qué tú todos los días te ríes? ¿Por qué estás tan feliz?"

Las prisiones de las clases dominantes no son terreno desconocido para los trabajadores que luchan por defender sus intereses. Ese hecho está plenamente confirmado por los casos fabricados y encarcelamientos de masas que han marcado las batallas huelguísticas, insurrecciones, luchas de liberación nacional y revoluciones proletarias por todo el mundo durante más de un siglo. Sin embargo, la manera en que se comporta un revolucionario, un comunista, es siempre una nueva prueba. Figuras de la talla del dirigente revolucionario sudafricano Nelson Mandela y del líder cubano Fidel Castro son ejemplos, como también lo es Malcolm X desde una trayectoria diferente.

El relato a continuación nos ofrece una ventana por la cual vemos la vida política de los Cinco tras las rejas. El ejemplo que nos brindan merece ser estudiado y emulado.

En estas páginas no se romantiza la vida carcelaria, no se pretende que las instituciones penales norteamericanas son otra cosa que irreformables instrumentos de castigo y represalia de clase. No se pretende que son otra cosa que una reproducción grotescamente magnificada de las relaciones sociales, los valores y las "prácticas empresariales" capitalistas de "sálvese quien pueda" que han engendrado el sistema de "justicia" norteamericano. Esto incluye la promoción controlada de la violencia, las pandillas, el narcotráfico y el racismo para "organizar" la vida carcelaria y doblegar el espíritu de los seres humanos que están recluidos.

La vasta red de prisiones por todo Estados Unidos no es más que el precursor de los horrores impuestos en tierras de otros pueblos: sitios cuyos nombres se han vuelto tristemente célebres, tales como Guantánamo, Abu Ghraib, Bagram.

Una de las secciones más impactantes del libro relata las historias de otros cubanos que los Cinco conocieron en la cárcel, no pocos de los cuales también habían cumplido condenas en Cuba. "En las prisiones de EE.UU. buscan deshumanizarte; en Cuba un preso es un ser humano más": eso resume las relaciones sociales y los valores de clase completamente opuestos que ellos describen.

INTRODUCCIÓN 17

Entre los muros de prisión en Estados Unidos, los Cinco también se ganaron solidaridad y respeto gracias a sus actos de respeto y solidaridad hacia los demás. Este relato está lleno de ejemplos. Muchos lectores se asombrarán al leer que, según señala René, "todos logramos cumplir la condena sin problemas, ni con los oficiales ni con los presos". Pero eso no estaba garantizado de antemano. Era una expresión de las normas sociales que ellos habían interiorizado y que ponían en práctica como revolucionarios cubanos.

En Cuba "es normal que el hombre ayude al hombre, que la gente coopere entre sí", dice Ramón. "No se trata de una 'buena política'. Es una realidad". Es el resultado de una revolución que derrocó el salvaje orden social capitalista y de una dirección que durante décadas ha mantenido esta trayectoria contra viento y marea.

Ese es el ejemplo que Gerardo, Ramón, Antonio, Fernando y René trajeron y que formó parte de su vida en el seno de la clase trabajadora en Estados Unidos.

■

A diferencia de los revolucionarios encarcelados por acciones políticas en muchos países, los Cinco no tuvieron el lujo de cumplir sus condenas juntos. Como ilustra la pintura de Antonio en la cubierta, fueron enviados a "cinco distantes prisiones". Después de recibir sus sentencias draconianas —incluyendo tres cadenas perpetuas sin posibilidad de libertad condicional— Gerardo y René nunca vieron a sus hermanos. Antonio, Ramón y Fernando compartieron apenas un breve tiempo en el Centro Federal de Detención en Miami en 2009 cuando fueron trasladados allí para las audiencias de resentencia.

El hecho de que cada uno estuvo solo durante tantos años

—y sin embargo actuaron al unísono— es una muestra más de la solidez de sus hábitos políticos y de su estatura moral.

Fernando explica que en la prisión se propuso "usar el tiempo en beneficio propio. Me propuse salir de allí estable, con salud física… Yo leía muchísimo… Yo me decía constantemente que, a pesar de pasar por la prisión, no tenía que convertirme en 'presidiario'".

"Los carceleros quieren destruirte. Quieren quebrar tu integridad física, moral, mental", apunta René. "Aprendes el primer día que tienes que resistir eso, y que la medida de la victoria va a estar en salir en mejor forma que cuando te metieron en la cárcel. Cada cual, según sus características, adoptó su propia estrategia para lograrlo".

Y es exactamente lo que lograron. No se convirtieron en "presidiarios". Nunca se sintieron derrotados. Dirigieron la mirada con orgullo y confianza hacia el mundo más amplio dentro y fuera de la cárcel.

Traspasaron los barrotes de la prisión, nutriendo su libertad a través de la lectura y el estudio, el arte y la poesía, escribiendo y dibujando, corriendo y jugando handball, ajedrez y parchís. Intercambiaron correspondencia con sus decenas de miles de partidarios en toda Cuba y hasta los cuatro rincones del mundo.

Ante todo, tendieron la mano —con respeto, con solidaridad, con su propio ejemplo— a otros trabajadores tras las rejas, a los seres humanos con quienes compartieron la vida y las luchas cotidianas durante buena parte de sus años de adulto.

Hoy, dice René a los estudiantes en La Habana, esa historia "ahora es pasado. Nosotros somos cinco cubanos como cualquiera de ustedes. Ocuparemos una trinchera. Y como todos ustedes, seremos juzgados por el trabajo que hagamos".

Cualquiera que sea el futuro, los Cinco no solo han escrito

INTRODUCCIÓN

una nueva página en la historia de la Revolución Cubana. También han aportado una página inmensamente importante a la historia de la clase trabajadora norteamericana: otro entrelazamiento más de las luchas de clases en nuestros dos países.

Por eso les agradecemos a ellos y al pueblo cubano que ejemplifican. En todo sentido, su ejemplo dará fruto.

7 de enero de 2016

Ninguno de los Cinco buscó aplausos, premio o gloria

GRANMA

La Habana, 24 de febrero de 2015. El presidente Raúl Castro impone a Gerardo Hernández, Ramón Labañino, Antonio Guerrero, Fernando González y René González la condecoración de Héroe de la República de Cuba.

"Este honor que recibimos hoy es, a la vez, un reto que nos exige estar a la altura de los nuevos desafíos que enfrenta la revolución". —*Gerardo Hernández*

Cinco soldados, fieles a las ideas de Martí, Che, Fidel y Raúl

GERARDO HERNÁNDEZ

En una ceremonia en La Habana el 24 de febrero de 2015, el presidente Raúl Castro entregó a Gerardo Hernández, Ramón Labañino, Antonio Guerrero, Fernando González y René González la medalla de Héroe de la República de Cuba.

La Asamblea Nacional del Poder Popular, la legislatura de Cuba, había conferido ese honor a los Cinco Cubanos más de 13 años atrás, el 29 de diciembre de 2001, apenas unos días después de que un tribunal federal norteamericano les decretara sentencias draconianas, incluyendo cadena perpetua a Hernández, Labañino y Guerrero. Sin embargo, para la entrega de las medallas hubo que esperar hasta el desenlace victorioso de la campaña mundial por su libertad. Fueron condecorados durante una ceremonia en La Habana por el 120 aniversario del inicio de la tercera guerra por la independencia de Cuba contra España en 1895.

A continuación se reproducen las palabras de Gerardo Hernández a nombre de los Cinco, dirigidas a más de 2 mil cubanos e invitados internacionales y televisadas en vivo a una audiencia de millones de personas.

■

Querido compañero General de Ejército Raúl Castro Ruz, Presidente de los Consejos de Estado y de Ministros; Compañeras y compañeros:

Honrar a las cubanas y cubanos que un día como hoy, hace 120 años, decidieron retomar las armas para luchar por la independencia de la patria, es la mejor manera de recibir el título honorífico de Héroe de la República de Cuba que generosamente se nos otorga a cinco cubanos de estos tiempos cuyo mérito no es otro que haber cumplido con nuestro deber.

José Martí, alma de aquel levantamiento nacional del 24 de febrero de 1895, sentenció que la capacidad para ser héroe se mide por el respeto que se tributa a quienes lo han sido. Por ello, en un día como hoy, nuestro primer pensamiento es de gratitud y fidelidad hacia todos los que a lo largo de la historia, con su sacrificio, han hecho posible que vivamos en una Cuba socialista, revolucionaria y victoriosa, conscientes de que corresponde a nuestra generación, y a las que nos siguen, defender la continuidad de esta obra, los sueños y los ideales de nuestros libertadores.

El primer pensamiento de los Cinco en este día ha de ser para un hombre cuyo liderazgo y visión estratégica fueron decisivos en la batalla que condujo a nuestra liberación, y quien con su ejemplo nos inculcó siempre el espíritu de lucha, resistencia y sacrificio. Un hombre que nos enseñó que la palabra rendición no existe en el diccionario de un revolucionario, y que desde muy temprano aseguró a todos los cubanos que los Cinco regresaríamos a la patria. Comandante en Jefe: esta condecoración que hoy con orgullo recibimos es también suya.

A nuestro General de Ejército Raúl Castro, quien no descansó hasta cumplir lo que Fidel había prometido, y a las compañeras y compañeros que como él llevan ya en sus pechos esta honrosa estrella y fueron siempre un ejemplo para los Cinco, les decimos que esta condecoración es también de ustedes.

Al pueblo cubano que hizo suya la causa de los Cinco y que aún hoy no deja de alentarnos con sus muestras de apoyo y de cariño; a la dirección del Partido y del gobierno de nuestro país; a las organizaciones de masas, instituciones, abogados, religiosos, personalidades y gobiernos de otros países que se solidarizaron con nuestra causa: esta condecoración es también de ustedes.

Agradecemos también a los hermanos de todo el mundo que lucharon codo a codo durante más de 16 años de batallas legales y políticas, y les decimos que esta condecoración es también de todos ustedes.

A nuestros familiares, que lucharon, sufrieron y resistieron con firmeza durante tantos años, y a todas las personas que merecieron ver este día y que ya no están entre nosotros: esta condecoración es también de ustedes.

A los héroes y heroínas sin rostros que nunca podrán recibir un homenaje público como este, pero que dedicaron, dedican, o dedicarán mañana sus vidas a la defensa de la patria desde anónimas trincheras: sepan, dondequiera que estén, que esta condecoración es también de ustedes.

Este honor que recibimos hoy es, a la vez, un reto que nos exige estar a la altura de los nuevos desafíos que enfrenta la revolución. No pocas veces, desde nuestro regreso, se nos han acercado compatriotas para expresarnos que les hubiera gustado tener la oportunidad que tuvimos los Cinco de proteger a nuestro pueblo de agresiones. A ellos, y a todos los patriotas cubanos, les decimos que nuestra misión no ha terminado, y que pueden sumarse.

La actualización de nuestro modelo económico en aras de lograr un socialismo más eficiente, próspero y sustentable, así como el proceso de restablecimiento de relaciones con los Estados Unidos, conforman una coyuntura de cambios que demanda de todos nosotros actuar con inteligencia, profesionalismo, compromiso y firmeza, para identificar y enfrentar los nuevos retos y nuevos peligros que se avecinan.

Hay y habrá muchas maneras de defender a Cuba, y Cuba necesitará siempre de hijos leales que velen por ella. Es por eso que nos alienta saber que en el seno de este pueblo revolucionario hay muchos "Cinco" dispuestos a sacrificarlo todo por su patria.

Junto a Ramón, René, Fernando y Antonio, recibimos con orgullo y gratitud este alto honor que la patria nos confiere. Cuente la patria con estos cinco soldados que hoy, ante todo nuestro pueblo, reafirmamos el compromiso de servirle hasta el último de nuestros días, y de ser siempre fieles a las ideas de Martí, del Che, de Fidel y de Raúl.

Recibieron sus honrosos títulos porque no lo buscaron

FIDEL CASTRO

El dirigente cubano Fidel Castro emitió a la prensa las siguientes palabras el 1 de marzo de 2015, después de reunirse en su casa con Gerardo Hernández, Ramón Labañino, Antonio Guerrero, Fernando González y René González.

■

Los recibí el sábado 28 de febrero, 73 días después que pisaron tierra cubana. Tres de ellos habían consumido 16 largos años de su más plena juventud al respirar el aire húmedo, maloliente y repugnante de los sótanos de una prisión yanqui, después de ser condenados por jueces venales. Otros dos, que igualmente trataban de impedir los planes criminales del imperio contra su patria, fueron condenados también a varios años de prisión brutal.

Los propios organismos de investigación, ajenos por completo al más elemental sentido de la justicia, participaron en la inhumana cacería.

La inteligencia cubana no necesitaba en absoluto seguir los movimientos de un solo equipo militar de Estados Unidos, porque esta podía observar desde el espacio todo lo que se movía sobre nuestro planeta a través de la Base de Exploración Radioelectrónica "Lourdes", al sur de la capital de Cuba. Este centro era capaz de detectar cualquier objeto que se mo-

ESTUDIOS REVOLUCIÓN

El dirigente cubano Fidel Castro recibe a los Cinco en su casa el 28 de febrero de 2015. Desde la derecha, contra las agujas del reloj: Fidel Castro, Gerardo Hernández, Ramón Labañino, Alejandro Castro, Fernando González, René González, Antonio Guerrero.

"**Los Cinco Héroes antiterroristas, que nunca hicieron daño alguno a Estados Unidos, trataban de prevenir e impedir los actos terroristas contra nuestro pueblo organizados por los órganos de inteligencia norteamericanos, que la opinión mundial sobradamente conoce**". —*Fidel Castro* viera a miles de millas de nuestro país.

Los Cinco Héroes antiterroristas, que nunca hicieron daño alguno a Estados Unidos, trataban de prevenir e impedir los actos terroristas contra nuestro pueblo organizados por los órganos de inteligencia norteamericanos, que la opinión mundial sobradamente conoce.

Ninguno de los Cinco Héroes realizó sus tareas en busca de aplausos, premio o gloria. Recibieron sus honrosos títulos porque no lo buscaron. Ellos, sus esposas, sus padres, sus hijos, sus hermanos y sus conciudadanos tenemos el legítimo derecho a sentirnos orgullosos.

En julio de 1953, cuando atacamos el Moncada [el cuartel de la dictadura de Batista], yo tenía 26 años y mucho menos experiencia que la que ellos demostraron. Si estaban en Estados Unidos no era para hacer daño a ese país, o tomar venganza por los crímenes que allí se organizaban y abastecían de explosivos contra nuestro país. Tratar de impedirlos era absolutamente legítimo.

Lo principal a su llegada era saludar a sus familiares, amigos y al pueblo, sin descuidar un minuto la salud y el riguroso chequeo médico.

Fui feliz durante horas ayer. Escuché relatos maravillosos de heroísmo del grupo presidido por Gerardo y secundado por todos, incluido el pintor y poeta, al que conocí mientras construía una de sus obras en el aeródromo de Santiago de Cuba. ¿Y las esposas? ¿Los hijos e hijas? ¿Las hermanas y madres? ¿No los va a recibir también a ellos? ¡Pues también hay que celebrar el regreso y la alegría con la familia!

Ayer, en lo inmediato, quería intercambiar con los Cinco Héroes. Durante cinco horas ese fue el tema. Dispongo desde ayer, afortunadamente, del tiempo suficiente para solicitarles que inviertan una parte de su inmenso prestigio en algo que será sumamente útil a nuestro pueblo.

Son los pobres quienes enfrentan el salvajismo del sistema de 'justicia' en EE.UU.

RÓGER CALERO/MILITANTE

La Habana, 17 de agosto de 2015. Antonio Guerrero, Gerardo Hernández, Ramón Labañino y Fernando González hablan sobre sus experiencias en la clase trabajadora estadounidense con Mary-Alice Waters de la editorial Pathfinder (centro), Rafaela Valerino del Instituto Cubano de Amistad con los Pueblos (extrema derecha) y Róger Calero de Pathfinder (fotógrafo). La entrevista continuó en diciembre con los Cinco, incluido René González.

"**En Estados Unidos el juez a menudo te da la sentencia más severa posible solo porque fuiste a juicio, solo por no declararte culpable. Todo lo que estamos hablando aquí es resultado del capitalismo… No hay solución dentro del sistema judicial, no hay reforma que lo pueda cambiar**". —*Antonio Guerrero*

PRIMERA PARTE

La razón por la que hay tantas personas presas en EE.UU. no es por el nivel de criminalidad

MARY-ALICE WATERS: El 17 de diciembre de 2014 se celebró una victoria arduamente conquistada por el pueblo cubano y los partidarios de la Revolución Cubana en todo el mundo. Ese fue el día que tres de ustedes —Gerardo, Ramón y Antonio— fueron recibidos por millones de cubanos que se volcaron a las calles a celebrar. Y el día que el presidente cubano Raúl Castro y el presidente estadounidense Barack Obama anunciaron simultáneamente que se restablecerían las relaciones diplomáticas entre los dos países, interrumpidas por Washington en enero de 1961.

En los meses siguientes, ustedes cinco han estado viajando por toda la isla para agradecerle al pueblo cubano su solidaridad y sus años de inquebrantable resistencia, sin lo cual no se habría podido lograr su libertad. También han aprovechado sus experiencias en Estados Unidos para explicar lo que significa la palabra "capitalismo", a nivel humano.

Todos ustedes trabajaron y vivieron en Estados Unidos durante una buena parte de su vida adulta. Antes de que el gobierno norteamericano les fabricara un caso y los encarcelara, como muchos otros inmigrantes, ustedes trabajaron en la construcción, como conserjes, mensajeros, en restaurantes y hoteles o cualquier trabajo "por la izquierda" que pudieran encontrar.

NIURKA BARROSO/GETTY IMAGES

La Habana, 14 de mayo de 2004. Bloque de estudiantes preuniversitarios de la Escuela Militar Camilo Cienfuegos ("Camilitos") en multitudinaria marcha de repudio a sanciones impuestas por Washington con el fin de sofocar la Revolución Cubana. La pancarta muestra foto de la degradante tortura de un prisionero iraquí por una soldado norteamericana en prisión de Abu Ghraib, cerca de Bagdad.

Más tarde, durante sus largos años de prisión formaron parte de esa sección muy grande de la clase trabajadora norteamericana que actualmente está entre rejas o lo ha estado alguna vez. Hoy día son más de 6 millones de personas: el 5 por ciento de los hombres adultos, y casi el 17 por ciento de los hombres adultos que son africano-americanos.

Alrededor del mundo, muchas personas han visto fotos del trato degradante e inhumano a los prisioneros en Abu Ghraib, en Iraq, y en el campo de detención norteamericano en Guantánamo. Lo que a menudo no aprecian es que estas instituciones de brutalidad imperialista son un reflejo de las prisiones estadounidenses cuyos nombres son tristemente célebres entre el pueblo trabajador de Estados Unidos: lugares como Attica, Clinton, Beaumont, Florence, Angola y Pelican Bay. La política exterior estadounidense comienza en el propio país.

Cuando ustedes hablan sobre la vida en Estados Unidos, hablan con mucha autoridad, y no solamente en Cuba. Sus palabras también encuentran resonancia entre millones de familias en Estados Unidos que han vivido experiencias parecidas. Las pinturas de Antonio, con las imágenes de sus 17 meses en celdas de aislamiento en Miami y de su juicio, que duró casi siete meses, son un buen ejemplo de esto. Tocan una fibra sensible.

Estos son temas de los que quisiéramos conversar, empezando con el sistema capitalista de "justicia" que ustedes llegaron a conocer tan bien.

En una de las primeras entrevistas que René dio cuando logró regresar a Cuba en 2013, él explicó que en Estados Unidos uno gana mucho respeto en la prisión por el simple hecho de ir a juicio en vez de declararse culpable, bajo presión, de algún cargo "negociado" por el fiscal y el abogado defensor. ¿Tuvieron la misma experiencia todos ustedes?

FERNANDO GONZÁLEZ: Cuando arrestan a una persona en Estados Unidos, a un porcentaje elevado los acusan de muchas más cosas de las que pudieran haber cometido; son *"overcharged"*. Es un instrumento que los fiscales usan conscientemente. La persona se encuentra en una situación en que algunos cargos —por delitos que probablemente nunca cometió— serán retirados si se declara culpable de otros delitos, que quizás tampoco cometió.

Los fiscales echan un montón de cargos contra ti. La ley no solo lo permite sino que el sistema entero está organizado así. Es un instrumento que usan para obligarte a aceptar un *plea bargain*, una sentencia negociada.

A la mayoría de las personas arrestadas en Estados Unidos les ponen un abogado de oficio porque no tienen dinero para contratar a un abogado. El abogado usualmente te aconseja que te declares culpable, aun si te conviniera ir a juicio.

¿Por qué? Una razón es que si te declaras culpable, lo único que el *court-appointed lawyer*, el abogado de oficio, tiene que hacer para recibir su pago es ir a la corte tres o a lo sumo cuatro veces. Tiene que ir a la presentación del pliego acusatorio, a la negociación de la sentencia y a la sentencia. Pero si vas a juicio, es probable que el abogado tenga que estar por lo menos tres semanas en la corte.

Todo el sistema —hasta el abogado que supuestamente vela por tus intereses— te presiona para que te declares culpable.

Hay también otro aspecto. Digamos que ya estás en el sistema federal, como fue el caso nuestro. Estás en la corte y traen a un testigo que dice que lleva 15 años trabajando en la DEA —la agencia para el control de drogas— o el FBI o lo que sea. Viene con traje y corbata, peladito, y se sienta ahí con su "cara de bueno". Jura que va a decir la verdad, pero luego dice una mentira tras otra. ¿A quién le va a creer el jurado? Va a creer al policía, por supuesto, no al acusado.

Muchas veces el acusado ya ha sido víctima de una descarga de noticias en la prensa en su contra. La prensa refuerza estos prejuicios promoviendo un ambiente anticrimen: que si la delincuencia esto, que si la delincuencia lo otro.

GERARDO HERNÁNDEZ: Vimos muchísimos casos como estos. Conocimos a una gran cantidad de personas que decían: "Mira, yo no era un angelito: estaba haciendo 'esto' y 'esto', pero no hice ni 'eso' ni 'aquello'. Ni mucho menos cometí el asesinato por el cual estoy cumpliendo cadena perpetua".

Pero entonces, decía la persona, "cuando se lo dije al abogado que me puso la jueza, él me contestó: 'No habrá un jurado que te crea eso. Toma la oferta que te están dando y cumple la condena. Es la mejor opción que te puedo ofrecer. Si no lo haces, te van a dar la sentencia máxima.

"Así, de plano te lo dicen, sin rodeos".

Mi último compañero de cuarto fue un muchacho mexicano. Desde el principio el abogado designado por el juez le insistió en que se declarara culpable, y nada menos que de un asesinato. Él le contestaba: "¿Cómo me voy a declarar culpable de secuestro y asesinato si yo no lo hice?"

Él ahora está cumpliendo dos cadenas perpetuas por algo que no hizo. Me mostró los papeles de su caso. Había una carta de la madre del hombre que mataron. Ella pedía a los fiscales que no llevaran a juicio a esas personas porque sabía que no eran los que habían matado a su hijo. Pero el abogado defensor no presentó nunca esa carta en la corte.

Una de las pruebas del fiscal era un jeep que decían se lo habían dado al joven mexicano como pago por el asesinato. Él tiene los papeles que muestran que el jeep era de la esposa de un primo desde años atrás. Pero el abogado no presentó esos documentos en el juicio. Eso te da una idea de la clase de representación que tuvo.

La mayoría de los abogados defensores van con un programa y te dicen: "No vayas a juicio porque vas a perder". Si el cliente es suficientemente valiente como para decir "No, soy inocente, voy a juicio", tratan de convencerlo de que eso es suicida.

RENÉ GONZÁLEZ: No todos los abogados son así, por supuesto.

RÓGER CALERO: ¿Todos ustedes tuvieron abogados nombrados por la corte, no?

RENÉ GONZÁLEZ: Sí, e hicieron un buen trabajo. Es curioso lo que pasó con estos abogados. Al principio nos dijeron: "Mira, toma la oferta. Ya hay otros que aceptaron testificar. Te van a implicar en cosas que no hiciste".

Pero todos dijimos que no. Entonces, poco a poco, mi abogado Phil Horowitz y los otros se dieron cuenta de que realmente íbamos a ir a juicio. Además, cuando vieron la evidencia se dieron cuenta de que todo era una farsa, que ninguno de nosotros había cometido espionaje, que ninguno de nosotros había asesinado o conspirado para asesinar a nadie. Entonces nos defendieron, durante el juicio y luego durante todo el proceso de apelaciones.

ANTONIO GUERRERO: Muchos de los presos son latinos y no saben inglés; otros son prácticamente iletrados. Eso aumenta la presión para aceptar el *plea bargain,* ya que uno no puede leer el documento en ningún idioma.

Me acuerdo que cuando estábamos en el Centro Federal de Detención en Miami, arrestaron a tres rusos y a una muchacha. Vendían caviar. Tenían su licencia y todo, incluso sus papeles del caviar que habían importado y vendido. El hombre con quien hablé no se explicaba qué le estaba pasando; de repente se vio en una cárcel.

El que parecía ser jefe del grupo quería ir a juicio; decía que eran inocentes. Pero yo le dije que así no era como funciona-

Los abogados se fajaron como fieras por nosotros

Mi primer abogado no me satisfizo. Lo vi un poco ambiguo. Le dije: "Con todo respeto, yo necesito que usted me diga si está dispuesto a defenderme con valor, porque necesito a alguien que demuestre la verdad. Vamos a denunciar a terroristas, a la gente que controla Miami". Él poco a poco se fue retirando del caso.

Después entró el abogado William Norris. Desde el primer momento cuando lo vi —fue durante los 17 meses en el 'hueco'— me causó buena impresión... Le manifesté: "Le prometo que le diré lo que realmente le puedo decir; nunca le diré una mentira...

En verdad, él y los otros abogados se fajaron como fieras por nosotros.

RAMÓN LABAÑINO
PERIÓDICO ESCAMBRAY
13 DE NOVIEMBRE DE 2015

Leonard Weinglass siempre insistió en que nuestro caso es esencialmente político y nos alertó de que la lucha sería larga y ardua. Sus experiencias con "el sistema" así se lo indicaban. Por nuestra parte, más allá de la relación profesional, lo vimos siempre como un compañero en la batalla por la justicia.

GERARDO HERNÁNDEZ
VICTORVILLE, CALIFORNIA
23 DE MARZO DE 2011

Cuando acepté este caso, no tenía idea en qué me estaba metiendo, en qué se estaba metiendo René y en

(Sigue en la próxima página)

qué se estaban metiendo sus familiares. La gente me ha preguntado, ¿alguna vez has tenido un caso como este? Jamás. Y jamás tendré otro. Los casos como este se presentan una vez en la vida.

PHILIP HOROWITZ
LONDRES
8 DE MARZO DE 2014

Entre los abogados de los Cinco Cubanos estuvieron *Martin Garbus* y *Paul McKenna* (para Gerardo Hernández); *Jack Blumenfeld* y *Leonard Weinglass* (para Antonio Guerrero); *William Norris* (para Ramón Labañino); *Richard Klugh* y *Joaquín Méndez* (para Fernando González) y *Philip Horowitz* (para René González).

ban las cosas. Si vas a juicio, traen un testigo cualquiera en tu contra. No tiene que ser del FBI. Puede ser una persona que quiere llegar a un acuerdo con los fiscales, quitarse algunos años de su sentencia. Lo sientan en el banquillo de los testigos y él va a jurar que hiciste esto o lo otro.

Es más, en la mayoría de los casos el juez te da la sentencia más severa posible, solo porque fuiste a juicio. Es un castigo adicional por no declararte culpable. Todo lo que estamos hablando —y específicamente estamos hablando de Estados Unidos— es resultado del capitalismo.

Todos los países tienen prisiones. Pero la razón por la que hay tantos presos en Estados Unidos no es por el nivel de criminalidad. Todo comienza con el arresto, la presentación de cargos y las sentencias negociadas. Ahí es donde empiezan a moler a la gente. No hay solución para esto dentro del sistema judicial estadounidense; no hay reforma que lo pueda cambiar. No es un sistema que trabaje en función de hacer justicia con quien comete un crimen. Todos los días ves el centro de detención en Miami lleno de gente, debido a las situaciones que muchos enfrentan. Lamentablemente, para muchas personas este sistema es un modo de ganarse la vida.

RAMÓN LABAÑINO: Para entender el sistema norteamericano de justicia hay que partir del hecho de que es el sistema que el gobierno de Estados Unidos utiliza para que la minoría poderosa controle a una inmensa mayoría que es pobre y desposeída.

Casi el 40 por ciento de la población en las prisiones estatales y federales en Estados Unidos son afroamericanos y más del 20 por ciento son latinos. En algunos estados y algunas prisiones los porcentajes son aún más altos. Los blancos en las prisiones son pobres también. Te encuentras quizás algún que otro rico, algún que otro político, que cumple una condena mínima por crímenes "de cuello blanco" y que tiene todas las garantías del mundo. Cuando se trata de un pobre —negro, latino, nativo americano, blanco— enfrenta el salvajismo enorme de lo que llaman la justicia norteamericana.

Primero que todo, es una forma de sostener un sistema que no tiene solución para los pobres, ni en el presente ni en el futuro. Es una manera de separarlos de la sociedad, de impedir que se forme la revolución, que surjan las condiciones para una lucha revolucionaria verdadera.

En Estados Unidos el encarcelamiento es una forma de deshumanizar al ser humano. Una forma de aislarte de la sociedad, hasta de tu familia. Para que te sientas solo. Que te sientas deprimido. Que te sientas sin nadie a quien recurrir. Para lograr más fácilmente una declaración de culpabilidad.

Después tienes a ese individuo separado de todo, sin saber cómo enfrentarse a ese monstruo.

No, no eres inocente hasta que se compruebe tu culpabilidad. Es al revés: eres culpable hasta que, a duras penas, puedas demostrar que eres inocente.

Te enfrentan a un sistema. Recuerda el nombre que le dan a un pliego acusatorio: por ejemplo, *Estados Unidos versus Gerardo Hernández et al*. El gobierno de Estados Unidos, con toda su maquinaria y sus recursos, te cae arriba. Seleccionan un jurado de una manera tal que va a favorecer al gobierno. Y en definitiva te van a sentenciar, porque ya eres considerado culpable.

Desde el principio hay todo tipo de coyundas entre el abogado defensor, el fiscal y el juez. Lo primero que hace el abogado defensor cuando tiene un caso es ir a ver al fiscal y preguntarle: "¿Qué quieres lograr con este individuo?"

Se supone que el gobierno siempre dice la verdad, ¿no? La realidad es que es una maquinaria enorme para moler hombres. Cuando te enfrentas a esa maquinaria, la gran mayoría —el 95 por ciento, si sumas a los presos en las prisiones federales y estatales— se declara culpable. El 5 por ciento o menos va a juicio, y la gran mayoría de esos pierde.

MARY-ALICE WATERS: Según las cifras más recientes, el 93 por ciento de los juicios en cortes federales terminan con veredictos de culpabilidad. Las cifras para las cortes estatales y locales son un poco menores, y varían mucho de una región a otra, pero el promedio es alrededor del 85 por ciento.

GERARDO HERNÁNDEZ: Quisiera decir algo más sobre la "sentencia negociada". Para el que no haya tenido la experiencia de estar en prisión y no sabe cómo funciona el sistema, podría ser difícil creer que una persona que no cometió un crimen se pare delante de un juez y diga: "Sí, yo lo hice".

No es inusual que los casos judiciales en Estados Unidos involucren a más de una persona. Muchas veces hay varios co-inculpados. Los fiscales usan el principio de "divide y vencerás". Desde el primer día comienzan a presionar a todos por separado. En la mayor parte de los casos logran quebrar a uno de los acusados, quizás a la persona más débil, la más nerviosa, la más vulnerable. Le dicen: "Mira, sabemos que no lo hiciste, pero mejor di que sí, porque es mejor cumplir 10 años que cumplir 40. Con una sentencia de 40 años no vas a salir nunca de la cárcel. O peor, hasta te pueden condenar a muerte".

> *El sistema de justicia en EE.UU. sirve para sostener un sistema sin solución para los pobres. Sirve para impedir que surjan condiciones para una revolución.*

Cuando logran que una persona lo "admita", entonces van y les dicen a los demás: "Mira, tu co-inculpado dice que sí, que ustedes lo hicieron. Él se va a parar ahí a testificar que sí. ¿A quién van a creer?"

Entonces el hombre piensa: "Bien, yo no lo hice, pero ¿cómo voy a pararme en un juicio a decir que no lo hice si mi amigo" —a veces es un hermano o un primo— "se para ahí a decir que sí lo hicimos, porque se acobardó? Es mejor que yo me declare culpable también. Si no, me va a caer encima la sentencia máxima".

ANTONIO GUERRERO: Hay algo más con esos pocos que sí van a juicio en las cortes federales. Algunos quisieran llegar a un arreglo con el fiscal, lo hayan hecho o no, pero no pueden porque así pondrían en riesgo a su familia.

Digamos que han acusado a varias personas de estar involucradas en una banda de drogas. Uno de ellos va a juicio, luego el otro y el otro. Los demás acusados no se pueden declarar culpables porque entonces los fiscales van a tratar de

La 'justicia' capitalista en EE.UU. ... algunos datos

Carcelero en jefe del mundo
- La mayor tasa de encarcelamiento del mundo: con el 4.4% de la población mundial, EE.UU. tiene el 22% de los presos.
- Unos 7 millones de personas hoy están en prisiones federales o estatales, cárceles locales o en libertad condicional (*parole*) o libertad a prueba (*probation*).
- El 5% de los hombres adultos y el 17% de los hombres adultos que son negros están presos o lo han estado.

'Sentencias negociadas' y el derecho a juicio
- En el 97% de las condenas federales y el 94% de las estatales en casos criminales, el acusado se declaró culpable de cargos "negociados" (*plea bargain*).
- En casos federales en 2003, los acusados que insistieron en su derecho a juicio recibieron, como promedio, sentencias casi tres veces más largas (12.5 años) que los que aceptaron una sentencia negociada (4.5 años).

Cadena perpetua, pabellón de la muerte y el 'hueco'
- Más del 10% de los presos en EE.UU. están cumpliendo cadena perpetua.
- Uno de cada 20 presos estatales o federales está en el "hueco" o en confinamiento solitario (2005).
- Hay 2 984 personas en el pabellón de la muerte (2015).

Clase, raza y encarcelamiento
- La gran mayoría de los reclusos son de clase trabajadora. Un 40% son negros.
- En cualquier día, 1 de cada 10 hombres negros entre los 30 y 39 años está encarcelado.

que inculpen a otros. Y las consecuencias de declararte culpable, aun si aparentas que no vas a implicar a otros, puede acarrear problemas a tus familiares que están afuera.

RENÉ GONZÁLEZ: El mantenernos en el "hueco" en Miami durante 17 meses después de nuestro arresto les dio a los fiscales una gran ventaja en el juicio. Crearon una situación perversa: a nosotros nos pusieron en un hueco en el centro de detención, y pusieron las evidencias en otro cuartico al otro lado de la calle, que nosotros llamábamos el "segundo hueco". Nos permitieron solo unas cuantas sesiones con nuestros abogados para revisar los materiales y los cargos en contra de nosotros, y preparar los detalles de nuestro juicio.

Ante todo utilizaron el hueco como lo hacen con todos los que encarcelan: para ponerte en un estado de indefensión, para que te pongas a considerar si vas a sobrevivir la cárcel. En nuestro caso estaba el añadido de que representábamos a Cuba. Con ese odio visceral que nos tenían como cubanos y comunistas, hicieron todo lo posible para quebrarnos durante esos largos meses iniciales, para que "confesáramos". Y fracasaron.

Cuando vas a juicio, eso te da cierto estatus ante los demás presos, porque dicen: "Este hombre se enfrentó al gobierno". Y eso es una gran ayuda. Saben que no los vas a delatar. Los directores y los guardias de la cárcel estimulan mucho la delación entre los presos, incluso entre los que cumplen cadena perpetua. Estimulan que un preso delate a otro o que ayude al caso del gobierno. Eso lo llaman "tomar la Ruta 35", refiriéndose eufemísticamente al "Acuerdo de Cooperación Post-Sentencia".

El trato en la prisión de Miami fue realmente abusivo, cruel. No me gusta usar la palabra tortura. No soy muy ligero con el lenguaje, pero cruel sí fue. Trato cruel e inusual. Esa es la terminología utilizada para el trato que está prohibido bajo la Octava Enmienda de la Constitución de Estados Unidos. Lo hicieron para tener una ventaja en el juicio. Trataron de quebrarnos, de que accediéramos a su chantaje, a sus presiones. Pero salimos más fuertes de lo que entramos. Teníamos mucha más moral que ellos.

Después del juicio en Miami, generalmente fuimos tratados como un preso más. Ninguno de nosotros recibió ensañamiento por ser uno de los Cinco. Excepto que en marzo de 2003 volvieron a meternos a los cinco en el hueco durante un mes, en condiciones incluso peores que las de Miami, porque el gobierno federal llamó a las autoridades carcelarias y les pidió que nos encerraran en celdas de castigo. Casualmente esto sucedió cuando estábamos preparando las apelaciones ante la corte del circuito en Atlanta, con un plazo límite del 7 de abril. De modo que esa acción también nos impidió la comunicación con nuestros abogados.

MARY-ALICE WATERS: Gerardo, marzo de 2003 fue cuando Washington desató la Guerra del Golfo, la segunda guerra norteamericana contra el régimen de Saddam Hussein en Iraq. La invasión se lanzó el 19 de marzo, para ser exacto. A partir del 28 de febrero, tú y los otros fueron colocados en el hueco por orden del fiscal general estadounidense John Ashcroft, con el argumento de que el contacto entre ustedes y otras personas "podría constituir un peligro para la seguridad nacional de Estados Unidos". Luego, "filtraciones a la prensa" de fuentes de la inteligencia norteamericana acusaron a Cuba de "robar secretos norteamericanos sobre los preparativos para la invasión a Iraq y de pasarlos al gobierno de Saddam Hussein". Y Washington expulsó a 14 diplomáticos cubanos.

¿Qué te dijeron sobre las razones por las cuales te estaban poniendo en el hueco?

GERARDO HERNÁNDEZ: En ese entonces yo estaba en Lompoc, California; trabajaba en una oficina de la fábrica de señales.

> **Nos ofrecieron todo para que traicionáramos a Cuba**
>
> *Gerardo Hernández*
>
> Los primeros 17 meses los pasamos en celdas de castigo, en lo que los presos llaman el "hueco". En mi opinión, el plan de ellos nunca fue tenernos tanto tiempo en prisión. Siempre fue que nosotros traicionáramos a la Revolución Cubana...
>
> Ustedes se pueden imaginar lo que hubiera representado que cinco oficiales de la inteligencia cubana —o los que pudieran quebrar— se sentaran delante de la televisión a leer un guión. A decir que Cuba tiene armas químicas, o que Cuba está planeando un acto terrorista contra Estados Unidos. Cualquier barbaridad que se les ocurriera.
>
> En aquellos años de tanto peligro cuando Cuba estaba prácticamente aislada, eso hubiera tenido una connotación bastante seria.
>
> Esa fue la idea de ellos. Ofrecieron de todo para que traicionáramos a Cuba. Pero cuando los cinco nos mantuvimos firmes en nuestras posiciones, nos mandaron a las celdas de castigo.
>
> *ESTUDIOS DEL PARLAMENTO EUROPEO*
> *BRUSELAS, BÉLGICA*
> *16 DE SEPTIEMBRE DE 2015*

Lompoc era una institución vieja, en malas condiciones.

Los oficiales no me dieron razón alguna. Recuerdo que me fue a buscar un teniente a la fábrica. En camino a la celda de castigo, el oficial me preguntó: ¿Por qué vas para el hueco?"

Le dije: "¿Usted me está preguntando a mí?"

La orden llegó "de arriba", pero nunca supe de dónde. El objetivo era mantenernos bajo el régimen de las Medidas Administrativas Especiales —el SAM, según lo llaman— que usan para los acusados de terrorismo.

Me dieron a firmar unos papeles con todas las reglas, indicando, entre otras cosas, el total aislamiento. Primero me pusieron en una celda normal del hueco, pero después vieron que el preso que limpiaba allí, un cubano, me pasó por debajo de la puerta un libro, unas chancletas y un poco de café en polvo. Entonces me sacaron de ahí y me llevaron para un sótano, *debajo* del hueco, que los presos llamaban "la caja".

Era una sección de 10 celdas con doble puerta, una de barrotes y la otra de metal sólido. Allí tenían a los peores casos, incluyendo a presos que habían perdido la cabeza, a los cuales tenían encadenados a la cama y de vez en cuando les inyectaban sedantes. No se sabía si era de día o de noche. Me tenían con la luz encendida las 24 horas, en calzoncillos, sin nada que leer. Cuando descargaban el inodoro de la celda de arriba, chorreaba agua sucia por la pared de mi celda.

En los papeles que los oficiales me dieron a firmar decía que estaría ahí por espacio de un año. Transcurrido ese tiempo se revisaría el caso y podrían extender ese régimen por otro año. Pero a los tres días me sacaron de la "caja", y otra vez sin explicación alguna.

La solidaridad internacional jugó un papel muy importante. Hubo tantas protestas que incluso varios congresistas norteamericanos se comunicaron con las prisiones donde estábamos los cinco, pidiendo información sobre lo que estaba pasando. Estuvimos en esas condiciones hasta finales de marzo.

MARY-ALICE WATERS: ¿Y qué ocurrió cuando te pusieron en el hueco en Victorville?

GERARDO HERNÁNDEZ: Eso fue en 2010, a finales de julio, de

nuevo, sin ofrecerme ninguna explicación. Nadie me quería decir nada. Al final, después de mucho preguntar por parte de mis abogados y otras personas, las autoridades dijeron que a la prisión había llegado una carta desde Cuba dirigida a mí, conteniendo un polvo blanco, y que yo estaba en el hueco pendiente a una investigación.

Victorville, como se conoce, está en un desierto de California, y en pleno verano había 110 grados Fahrenheit de temperatura afuera. Me pusieron en una celda que tenía el aire acondicionado defectuoso, al punto que mi compañero de cuarto dormía en el piso para tomar el aire que entraba por debajo de la puerta. Ese problema existía no solo en mi celda sino en un grupo de ellas.

Por esos días me pudo visitar en Victorville el abogado Leonard Weinglass. Y cuando en Cuba se conoció la situación en la que yo estaba, comenzaron a organizarse las protestas. Fidel salió en la televisión condenando lo que estaba ocurriendo. Esto provocó llamadas a los oficiales de la prisión de la CNN, BBC y otros grandes medios de prensa, además de congresistas norteamericanos. Compañeras y compañeros en Estados Unidos y otros países también alzaron sus voces de protesta.

A pesar de que el tiempo de estancia en el hueco por "investigación" es por lo general de tres meses, me sacaron el 2 de agosto. Al día siguiente pude dictar por teléfono un mensaje de agradecimiento a todos los que en Cuba y otros países exigieron que me sacaran de la celda de aislamiento.

RÓGER CALERO: René, tú viviste un aspecto del sistema norteamericano de "justicia" que ninguno de tus hermanos enfrentaron. Cumpliste tu sentencia completa de 15 años: 13 años y 24 días con la reducción del tiempo por buena conducta, que por ley tenían que otorgarte. Además, después dictaminaron que cumplieras tres años de "libertad supervisada" por el tribunal. En definitiva permaneciste otro año

> **Todos ustedes fueron mi oxígeno**
>
> 3 de agosto de 2010
> Queridos hermanos:
>   Estas palabras espero dictarlas por teléfono, por lo que debo ser breve, y además no podré decirles todo lo que quisiera.
>   Ayer me sacaron del "hueco" con la misma rapidez con la que me habían metido en él. Me habían llevado supuestamente bajo investigación. Las investigaciones pueden durar tres meses, a veces más, pero estuve allí 13 días. Como diría un conocido periodista cubano: saquen sus propias conclusiones.
>   Quiero expresarles mi profundo agradecimiento. Ya saben que fueron días particularmente difíciles por el exceso de calor y la falta de aire, pero ustedes fueron mi oxígeno. No encuentro mejor manera de resumir la enorme importancia de sus esfuerzos solidarios…
>
> GERARDO HERNÁNDEZ
PENITENCIARÍA FEDERAL
VICTORVILLE, CALIFORNIA

y medio en Estados Unidos, hasta que una corte determinó que podías regresar a Cuba si renunciabas a tu ciudadanía estadounidense.

RENÉ GONZÁLEZ: En mi caso la "libertad supervisada" fue otro intento de aislarme como ser humano. Todo el que está en libertad condicional tiene restricciones: con quién te puedes relacionar, dónde puedes vivir y viajar, y otras condiciones restrictivas. Pero en mi caso eran aún más severas por mi situación.

Primero, tienes que identificarte como ex presidiario cada

vez que te presentes a alguien. Por supuesto, eso habría hecho más fácil que me localizara cualquiera que se opusiera a nuestra lucha. Así que no podía relacionarme con los vecinos, porque tendría que decirles: "Me llamo René González y acabo de salir de la cárcel". Y así empezaría todo eso... "¿Y por qué usted estuvo preso?"

Ni siquiera podía sacar una licencia de conducir o tener una tarjeta de crédito, porque tendría que dar mi nombre y dirección.

Tuve que recluirme en una casa que gracias a una persona solidaria pude compartir. Era una casa muy buena, pero era una jaula de oro. Fue una situación sumamente difícil.

SEGUNDA PARTE

En las prisiones de EE.UU. buscan deshumanizarte; en Cuba un preso es otro ser humano más

RÓGER CALERO: En el sistema federal penitenciario es un requisito que los reos trabajen, ¿no?

RAMÓN LABAÑINO: Correcto. Estás obligado a tener un trabajo, de cualquier tipo. Yo hice de todo. Empecé como *orderly*, haciendo trabajos de limpieza. Di clases de español para personas que hablan inglés. Trabajé limpiando la lavandería. También trabajé un tiempo limpiando y organizando el área de deporte.

Los trabajos que mejor pagan son los de UNICOR. Es el nombre comercial de Federal Prison Industries, una empresa del gobierno que se remonta a los años 30. Más de la mitad de las prisiones federales tienen fábricas de UNICOR. A los presos les pagan entre 23 centavos y 1.15 dólar la hora.

Para el gobierno es un negocio redondo. Una mano de obra barata encerrada en una prisión, sin derecho a un sindicato, sin protección de salud e higiene. Nada.

En estas fábricas los presos producen uniformes, ropas, zapatos, muebles de oficina, incluso artículos militares. Les pagan una fracción del salario mínimo federal, que hoy es 7.25 la hora. Todo eso forma parte del sistema norteamericano de justicia.

MARY-ALICE WATERS: ¡Y da un vistazo de cómo funciona el capitalismo! Todos ustedes también tuvieron experiencia con ese tipo de explotación antes de ser arrestados. René trabajó

CORTESÍA DE GERARDO HERNÁNDEZ

"**UNICOR es un negocio redondo para el gobierno: una fuerza de obra barata, encerrada en una cárcel, sin derecho a sindicato, sin protección de salud e higiene**". —*Ramón Labañino*

Gerardo Hernández frente a fábrica de Federal Prison Industries (UNICOR) en Lompoc, California, noviembre de 2003. Hay más de 100 de estas fábricas del gobierno en prisiones federales. Pagan entre 23 centavos y $1.15 la hora.

en cuadrillas de construcción y de reparación de caminos. Antonio trabajó en la cocina de un restaurante, después en un hotel Days Inn, luego cavando zanjas y finalmente —a través de una agencia de empleos temporales— como conserje en la Estación Aeronaval de Boca Chica en Cayo Hueso, Florida. Hemos leído acerca de ese último trabajo porque los fiscales lo usaron como "evidencia" en su caso fabricado de conspiración para cometer espionaje.

RAMÓN LABAÑINO: En Tampa, cuando llegué a Estados Unidos en 1992, repartí periódicos en viviendas y vendí zapatos por catálogo. Cuando me orientaron que me mudara a Miami en 1996, terminé manejando un camioncito en el que distribuía medicinas y otras mercancías a farmacias. Ese fue el trabajo más estable que tuve.

También debo hacer una aclaración. En su afán de cruzarse con Gerardo, la fiscalía lo puso como jefe de la red completa. Así lo presentaron. En realidad, él era jefe de un grupo y yo de otro. Contra Gerardo formaron una insidia descomunal. Querían buscar un chivo expiatorio para el asunto de las avionetas.*

GERARDO HERNÁNDEZ: En Miami mi leyenda, mi supuesta profesión, era de diseñador gráfico *free-lance* [independiente]. Para mantener la imagen, con frecuencia salía bien vestido temprano y regresaba tarde.

---

* El 24 de febrero de 1996, la fuerza aérea cubana derribó sobre el territorio nacional dos avionetas que habían despegado desde el sur de Florida. Ese vuelo era el último de un creciente número de violaciones del espacio aéreo cubano organizadas por Hermanos al Rescate, un grupo de contrarrevolucionarios cubanos basado en Miami. Después de repetidas advertencias del gobierno cubano a Washington de que parara estas provocaciones, la fuerza aérea cubana disparó contra las avionetas cuando los pilotos desafiaron las reiteradas órdenes de volver atrás.

Pero en realidad nunca trabajé. Por el tipo de actividad que realizaba y la cantidad de agentes que atendía, habría sido difícil mantener un vínculo laboral. Por una parte, las llamadas de los compañeros por códigos a un *beeper* podían entrar a cualquier hora con la urgencia de vernos. Pero además, al tener un trabajo ya caía bajo el radar del servicio de impuestos internos, el IRS, y eso era peligroso, pues no tenía una historia que se sostuviera ante un escrutinio como el que ellos hacen.

Un par de veces hice algunos trabajos para un periódico brasileño en Miami, pero allí el pago fue "por la izquierda". Lo hice para poder mostrar unos periódicos con ilustraciones mías y sostener mi leyenda si hubiera sido necesario.

RÓGER CALERO: Y en los empleos que tuvieron en la prisión, ¿cuántas horas trabajaban al día?

RAMÓN LABAÑINO: Desde las 8 de la mañana hasta las 5 de la tarde, generalmente. Pero muchas veces se trabajaban horas extras. Cuando la guerra contra Iraq, por ejemplo, hubo mucha demanda para la ropa y las botas. La fábrica en la prisión de Beaumont, Texas, trabajaba prácticamente todo el día.

FERNANDO GONZÁLEZ: En la prisión federal en Oxford, Wisconsin, donde estuve cinco años y medio, la fábrica hacía componentes y sistemas electrónicos para cohetes, aviones de combate y tanques.

ANTONIO GUERRERO: Tienes que tener un trabajo pero a veces no lo encontrabas. Lo conseguías ya cuando otra gente lo dejaba. En la prisión nunca le quitas el trabajo a una persona que ya lo tiene. Nosotros nunca nos metimos en los que pagan un poquito más, porque son medios de ingreso para los otros presos y, por esa razón, una causa de conflictos. Por ejemplo, los trabajos en la cocina, donde la gente se robaba cosas.

"La solidaridad fue mutua. En la prisión dimos apoyo y lo recibimos también".
—*Gerardo Hernández*

FOTOS: CORTESÍA DE GERARDO HERNÁNDEZ

"A los presos de diferentes orígenes y religiones les autorizaban conmemorar determinadas fechas. Era común que me invitaran y en varias oportunidades me pidieron hablar". —*Gerardo Hernández*

Arriba derecha: Hernández habla sobre lazos históricos entre Cuba y México en celebración del Cinco de Mayo, prisión de Victorville, California, mayo de 2012. **Arriba izquierda:** Programa del evento. **Abajo:** Hernández recibe certificado de participación de Tony Weeks, oficial del departamento de recreación. Los retratos de Muhammad Ali y Martin Luther King, pintados por un artista en la prisión, eran usados en eventos para conmemorar la herencia del pueblo negro.

CORTESÍA DE GERARDO HERNÁNDEZ

"Nos ganamos respeto, incluso de cubanos y hasta de oficiales de la prisión, porque respetábamos a los demás".
—*René González*

CORTESÍA DE RODOLFO RODRÍGUEZ

"Los afroamericanos se acercaban y me decían: 'Leí en el *Militante* que estuviste en Angola. Que Cuba estuvo allá apoyando la liberación de los pueblos africanos. Tienes todo nuestro apoyo. Cualquier problema que tengas, nos dejas saber. Si necesitas donde sentarte en el comedor, siéntate con nosotros'". —*Gerardo Hernández*

Arriba: Hernández (centro) en Victorville, California, 2006, con compañeros de cárcel africano-americanos: Brasco, Burks, Red y Pope. **Abajo:** René González (izquierda) con cubano Rodolfo "Roddy" Rodríguez (en cuclillas con camiseta de los Cinco que él hizo) y otro amigo en prisión de Marianna, Florida. "René nunca trató de imponer su forma de pensar", dice Rodríguez, "pero si le preguntabas su opinión te la daba".

CORTESÍA DE RAMÓN LABAÑINO

CORTESÍA DE RAMÓN LABAÑINO

CORTESÍA DE GERARDO HERNÁNDEZ

"Una pregunta que muchos nos hacen es: ¿cómo se relacionaban con los presos cubanos? porque saben que estuvimos con cubanos que se fueron de Cuba y no se imaginan cómo sería". —*Gerardo Hernández*

Arriba: Ramón Labañino (centro) con otros cubanos en Jesup, Georgia, julio de 2012. **Centro:** Labañino con amigo cubano musulmán en Ashland, Kentucky, enero de 2014. **Abajo:** Hernández y dos compañeros en Lompoc, California, junio de 2003. "Ambos llegaron por el Mariel", escribió Hernández. "Algunos decían: 'Me guste el sistema en Cuba o no, tengo que respetar lo que ustedes hicieron'".

"Vivíamos en un micromundo del mundo exterior. Conocimos problemas que desgraciadamente son comunes en muchos países". —*Gerardo Hernández*

CORTESÍA DE GERARDO HERNÁNDEZ

CORTESÍA DE RAMÓN LABAÑINO

CORTESÍA DE GERARDO HERNÁNDEZ

Arriba: Hernández (de pie, izquierda) con compañeros en Victorville. **Centro:** Labañino (en el medio) tras un juego de handball con amigos mexicano y cubano, Beaumont, Texas, agosto de 2008. **Abajo:** Hernández con "Papa" en Victorville, febrero de 2012. "Su hija estaba haciendo un trabajo en la escuela sobre Cuba y le pidió que se tirara una foto conmigo", escribió Hernández.

En la penitenciaría de Florence, Colorado, donde estuve ocho años y medio, no había nadie para impartir las clases de matemáticas e inglés como segunda lengua, entonces yo las di.

En el sistema penitenciario de Estados Unidos no existe el camino a la rehabilitación.

En la prisión de Marianna, Florida, fui maestro. Algunos presos me pidieron que les ayudara a aprobar el examen para recibir el certificado del GED, el diploma de equivalencia de educación secundaria. Yo no estaba trabajando para la prisión; lo hacía por esas personas. Juntos me pagaban 15 dólares al mes. El curso que yo di ayudó a más estudiantes latinos a coger su certificado de GED que prácticamente en toda la historia de Marianna.

MARY-ALICE WATERS: Las prisiones en Estados Unidos están organizadas para tomar represalias, para castigar. Tratan de destruir la dignidad y el sentido de valor personal del individuo.

FERNANDO GONZÁLEZ: Precisamente.

GERARDO HERNÁNDEZ: El camino a la rehabilitación no existe en el sistema penitenciario estadounidense.

RAMÓN LABAÑINO: ¿Qué pasa cuando entras en el sistema carcelario? Lo primero que hacen es aislarte: de la sociedad, de la familia.

Mucha gente en las prisiones federales pierde contacto con su familia después de unos meses. La mayoría de las familias no tienen recursos económicos para apoyar a una persona en la prisión. Hay familias que superan estos obstáculos, por supuesto, pero muchas no pueden.

Sin el apoyo de la familia, sin más dinero que la miseria que ganas en la cárcel, te vas aislando. Te "institucionalizas", según lo llaman. Cometiste un error en tu vida, o por lo menos te condenaron por eso, pero ahora no tienes más opción que coger el ritmo de la prisión. La prisión se convierte en tu mundo.

Además, en la prisión estás amenazado por las pandillas, igual que los niños pobres que crecen en la mayoría de las ciudades en Estados Unidos. Para empezar, pueden extorsionarte. Pueden decirte: "Oye, para sobrevivir aquí tienes que pagarme 10 pesos mensuales". Con esas presiones puedes convertirte en animal, en animal de prisión. Algunos se meten a una pandilla para sobrevivir. En otros casos prefieren meterse a la iglesia; es otra forma de tratar de enfrentar el medio.

Algunos se ponen a vender drogas porque es una manera de ganar dinero en la prisión. Otros se convierten en jugadores de cartas, en apostadores. El sistema los obliga en esa dirección porque les quita todo.

Si quieres apelar tu condena o tu sentencia tienes que buscarte a alguien que te ayude con los papeles. Y eso tienes que pagarlo también. Una moción cuesta 200 dólares, una moción de cualquier tipo. Si la moción es muy compleja, son 500 dólares. ¿De dónde sacas ese dinero? Te metes a una pandilla, a extorsionar. Así el ser humano se convierte en un ente preso, adentro y afuera.

RÓGER CALERO: ¿Se lo pagas al abogado que te está representando en el caso?

FERNANDO GONZÁLEZ: No, usualmente a otro preso, al *jailhouse lawyer* [abogado de la cárcel].

RAMÓN LABAÑINO: Son presos igual que tú pero que tienen experiencia preparando mociones. Y algunos son muy buenos, quiero decirte. Yo conocí algunos presos expertos que sacaron gente de la cárcel.

FERNANDO GONZÁLEZ: Por cierto, Mumia tiene un libro muy bueno que se llama *Jailhouse Lawyer**. Pero además puedes encontrarte una buena cantidad de estafadores.

RAMÓN LABAÑINO: Sí, exacto. En una prisión de máxima seguridad —donde el promedio de sentencia es de 80 años, 90 años o cadena perpetua— estás rodeado de personas que tienen una mentalidad salvaje. Es la lucha por la supervivencia. Si tienes la voluntad de superarte, puedes superarte. Pero eso tiene que estar muy dentro de ti.

MARY-ALICE WATERS: No hay mejor ejemplo de eso que Malcolm X.

RAMÓN LABAÑINO: Sí, por supuesto.

RÓGER CALERO: ¿Y qué pasa con el tráfico de drogas?

RAMÓN LABAÑINO: Estando en la prisión vi un documental sobre los *wardens*, los alcaides de las prisiones. Uno de ellos dijo abiertamente que él sabía que en las prisiones había drogas. Las autoridades saben que algunos presos son drogadictos, que necesitan la droga para poder vivir. Algunos son drogadictos y narcotraficantes. Los alcaides permiten que entre una cierta cantidad de drogas en la prisión para tener a los presos tranquilos. Saben por dónde entra la droga y quién la introduce. Cuando el nivel se les va por encima, lo controlan.

RÓGER CALERO: El narcotráfico forma parte del mismo sistema capitalista. Es un negocio. Las autoridades carcelarias lo utilizan para sus propios fines, y a menudo le sacan ganancias.

---

* Mumia Abu-Jamal fue objeto de un caso fabricado, acusado de la muerte de un policía en 1981. Después de estar 30 años en el pabellón de la muerte, una corte le impuso una nueva sentencia de cadena perpetua sin posibilidad de libertad condicional.

FERNANDO GONZÁLEZ: Lo mismo sucede con las pandillas. La administración hace uso de ellas, como sucede en la sociedad estadounidense en general. En una ciudad como Chicago, por ejemplo, al gobierno le conviene que pandillas rivales estén fajadas entre sí en los barrios negros y también en las comunidades latinas. Mucho mejor que si los negros, latinos y blancos se unieran y se pusieran a pensar en quién es el verdadero enemigo.

MARY-ALICE WATERS: Hemos conocido experiencias aquí en Cuba que son lo opuesto de lo que ustedes están describiendo. Tenemos una amiga en Matanzas, por ejemplo, profesora de la universidad, que también da clases en las cárceles y se enorgullece de hacerlo. Nos ha contado que en esas clases utiliza algunos de los libros publicados por Pathfinder y describe el interés que provocan entre los presos. Hemos leído que Silvio Rodríguez y otros artistas han dado conciertos en las prisiones.

En Santiago de Cuba, después del ciclón Sandy en 2012, cuando estábamos caminando por uno de los barrios y hablando con la gente, nos encontramos con un grupo de obreros de la construcción que estaban sentados a la sombra almorzando. Nos detuvimos a conversar, y nos dijeron: "Somos reclusos. Trabajamos aquí durante el día, construyendo viviendas para familias que perdieron sus hogares".

Sabemos que en Cuba las cosas están lejos de ser perfectas. Pero las relaciones sociales —la forma en que se relacionan las personas— son lo contrario de lo que ustedes vivieron en Estados Unidos. Y eso también se manifiesta en el sistema penitenciario. En Cuba la revolución realizada por los trabajadores y agricultores eliminó el sistema económico y social basado en la explotación de clase, en el castigo y las represalias, el aislamiento social, la privación punitiva de la atención médica, la denegación de acceso a la cultura y educación. Por eso el gobierno norteamericano está tan empeñado en castigar al pueblo cubano y destruir su ejemplo.

GERARDO HERNÁNDEZ: En Estados Unidos compartimos con muchos presos cubanos que habían sido reclusos en Cuba también. Algunos llegaron a Estados Unidos por la vía del Mariel en 1980.* Otros cruzaron el Estrecho de Florida como balseros en embarcaciones precarias de todo tipo durante la crisis económica de los 90. Había unos 20 cubanos en la prisión federal de Lompoc en California cuando me enviaron allá en 2002. Seis de ellos estaban en mi unidad. Muchas veces señalaban: "Materialmente, sí, las condiciones en esta cárcel" —y sobre todo en las más nuevas— "están mucho mejores que en las cárceles donde estuve en Cuba".

Obviamente no se pueden comparar las condiciones de vida del país más rico del mundo con los recursos económicos en Cuba. Pero la mayoría de ellos reconocía que aquí en Cuba el personal de la prisión hace de verdad un esfuerzo para rehabilitar a los presos, para ayudarlos. En Estados Unidos, el consejero de la prisión es alguien que entra a cumplir sus horas de trabajo y hace lo posible por no tener que verte nunca.

---

* Unos 128 mil cubanos llegaron a Estados Unidos en abril de 1980 durante lo que se conoció como la flotilla del Mariel. Como parte de la escalada de Washington para revertir las victorias revolucionarias en Nicaragua y Granada y aplastar las batallas de clases que se intensificaban en otros países de América, Washington puso en marcha una campaña propagandística alegando que el gobierno cubano impedía la salida de los cubanos de la isla. El gobierno revolucionario desenmascaró la propaganda de Washington, abriendo el puerto de Mariel para que embarcaciones privadas llegaran desde Estados Unidos a recoger a todo el que quisiera emigrar. Entre los que salieron hubo cubanos que habían cumplido penas de cárcel por infracciones no violentas. Los gobernantes norteamericanos exigieron que La Habana frenara el éxodo.

Ellos me decían: "En Cuba cuando me visitaba la familia, mi consejero (aquí lo llaman reeducador) pedía permiso y se sentaba con nosotros. Conversaba con mi esposa y le preguntaba cómo le iba a la niña en la escuela, qué problemas había en la casa. Él le contaba cómo me iba en la prisión".

Eso no pasa en Estados Unidos. El consejero está para llenarte cuatro papeles y trata de evitar el día entero que vayas a plantearle un problema. Y cuando vas, te mira con mala cara.

La parte humana es esencial. Yo siempre pongo el ejemplo de un vecino mío. Cuando él cursaba la secundaria estuvo involucrado en uno de estos casos raros que se dan en Cuba y que se conoce en Estados Unidos como *bullying*, intimidación. Estaba becado en el campo y otro muchacho lo estaba acosando permanentemente. Un día él cogió un cuchillo, tuvo un forcejeo con el otro muchacho, le dio en el lugar equivocado y lo mató.

A ese muchacho lo condenaron a siete años. En ese tiempo terminó su secundaria y fue a la universidad. Lo llevaban todos los días en guagua de la prisión a la universidad. Asistía a sus clases el día entero y después la guagua lo regresaba a la penitenciaría. Hoy está libre y ejerce como sicólogo.

Yo les ponía a mis compañeros de cárcel el ejemplo de ese muchacho. Los mismos presos me contaban: "Mira, Cuba, cuando yo estaba en la prisión en mi país me daban pase para visitar a la familia. Si se moría un familiar, me daban pase. A veces me pasaba el fin de semana en la casa. Otras veces trabajaba en la calle".

Hace poco conversé con una prestigiosa artista joven aquí en Cuba, Mabel Poblet. Ella me enseñó muestras de su trabajo. Me llamó la atención una obra suya, una instalación con cientos de flores plásticas rojas. Ella me comentó: "Estas flores las hizo una reclusa en Holguín".

Mabel dijo: "En una visita a la prisión de mujeres en Holguín conocí a una presa, Betsy Torres, que estaba haciendo flores. Me quedó en la mente hacer una instalación usando flores y le pedí que me hiciera algunas, las que ves aquí. Después ella salió por buena conducta y la invité a la inauguración de mi exposición".

Este tipo de intercambio es todo lo contrario de la deshumanización que ocurre en el sistema penitenciario estadounidense. En Cuba se le da la posibilidad a la persona de reintegrarse y rehabilitarse. En Estados Unidos es más común ver a personas que entran por un delito menor y se convierten en verdaderos criminales dentro de la prisión.

FERNANDO GONZÁLEZ: Algunos de los presos que habían estado recluidos en Cuba me decían que cuando tu familia venía a visitarte a una cárcel cubana, si había un preso cuyos familiares no habían podido verlo, podías invitar a esa persona a compartir con tu familia y comer de lo que te traían. En Estados Unidos eso no se permite.

Miren lo que el Buró de Prisiones llama el *program statement*, la declaración del propósito de la prisión. Dice que el Buró de Prisiones estimula el contacto social con el exterior. Pero en la práctica es lo contrario: ponen obstáculos a todo, incluyendo las visitas.

No basta que el preso esté a 1500 millas de su familia o a veces más lejos. No basta que muchas familias no tengan los ingresos para pagarse un boleto de avión y un fin de semana en un motel para ir a verle.

Encima de eso están los registros personales y todos los mecanismos enajenantes a los que someten a los familiares y amigos para entrar a la prisión, sin mencionar el diseño incómodo y tenso de la sala de visita. Todo eso conspira contra cualquier idea de "estimular" el contacto social con el mundo exterior. Parecen hacer todo lo posible para que la gente *no* venga a ver al preso.

ANTONIO GUERRERO: Vamos a ser justos. Los presos también a veces echan a perder una pila de cosas. Hay quienes no están viendo las consecuencias que sus acciones pueden traer a los otros. Te voy a dar un ejemplo de algo que sucedió una vez en la prisión de Florence.

En la penitenciaría, durante la época de los DVD y los CD, pusieron como cinco o seis mesas con aparatos para escuchar discos compactos. Era una cabinita donde podías llevar tus audífonos y pedías un CD para escucharlo. Claro, agarrar la cabinita generaba todo un problema porque había mucha demanda. En este caso, sucede que el motorcito del aparato de DVD servía para hacer una máquina de tatuar. Entonces, en el primer descuido alguien zafó los dos tornillitos, abrió el aparato y le arrancó el motorcito. Y ya ese equipo no sirvió.

GERARDO HERNÁNDEZ: Nos decían algunos presos en Estados Unidos: "La diferencia más grande, lo que más extraño, es que en Cuba yo tenía derecho a visitas conyugales, o al pase para ver a mi familia". Pero en Estados Unidos no lo tienes.

En las prisiones federales, y en todos menos cuatro de los 50 estados, no se permite algo tan elemental como las visitas conyugales. Si lo permitieran, reduciría muchísimo las tensiones. Humanizaría a la persona. Sería un incentivo para la buena conducta.

RAMÓN LABAÑINO: La forma en que se educa al oficial penitenciario en el sistema capitalista en Estados Unidos es muy diferente de cómo se hace en una sociedad socialista como la cubana. En Estados Unidos el oficial está para cuidarse él mismo y cuidar que el preso no escape. El preso está allí para sufrir; para eso lo mandaron a la prisión.

A ellos no les importa que haya dinero en el presupuesto para otra cancha de handball [balonmano]. Esa bronca yo la tuve porque —además de leer, estudiar y jugar ajedrez— el deporte era una de las formas con que enfrenté todos esos años de prisión. Hacía ejercicios, levantaba pesas y jugaba handball. Pero los oficiales de la prisión no querían pintar el piso de la cancha de handball con una pintura que es como de goma y no te lastima las rodillas.

De hecho, así fue que me afecté la rodilla. Pero la atención médica en las cárceles de Estados Unidos es terrible, no quieren gastar dinero en eso tampoco. Fui al médico y me dijo: "Tómate dos aspirinas, ponte hielo, coloca los pies en alto y mañana estarás mejor". En la cárcel te atienden realmente cuando ya estás a punto de morir. (Por cierto, ahora mi rodilla está mucho mejor, más ágil. No tengo dolores. Para celebrar el 26 de julio, hasta subí el Pico Turquino, el punto más alto del país).*

También hay dinero en el presupuesto para adquirir mejor comida para el comedor, pero no lo usan nunca. Yo lo sé porque trabajé en el comedor varias veces.

En realidad no me gustaba trabajar en el comedor porque mucha gente quería esos trabajos para poder robar comida. Pero nosotros no robamos. No es nuestra filosofía, no son los valores sociales que aprendimos en Cuba. Tengo suficiente con lo que yo como. Yo, honestamente, no serviría para robar.

Aquí en Cuba es diferente. Nuestros oficiales quizás no tienen recursos, pero sí están preparados para ayudarte de verdad. Me atrevería a decir que esa ética va mucho más allá del sistema penitenciario y se extiende a la sociedad general en Cuba.

En nuestro país el preso es un ser humano más. Alguien

---

* Subir el Pico Turquino, en la Sierra Maestra en el oriente de la isla, ha sido por mucho tiempo una muestra de compromiso revolucionario. En la cima hay un monumento a José Martí, héroe nacional de Cuba.

que cometió un error y está en la cárcel por esa razón. No es como en Estados Unidos donde la población penal es el enemigo, de la misma manera que el personal uniformado allá ve a la población como el enemigo. ¿Por qué? Porque en algún nivel ellos entienden que un día puede haber una revolución social en Estados Unidos. Y su trabajo es contener esa revolución, para proteger a la capa social que está en el poder.

> *Pueden dar todos los recursos del mundo a las prisiones y no cambiará nada. No habrá condiciones humanas. Porque el hombre está allí para castigar al hombre.*

Eso es muy elemental. No necesitas marxismo-leninismo para ver eso. Pero si no lo entiendes, nunca vas a entender por qué ocurren esas cosas en Estados Unidos. Por qué la policía actúa como hizo el año pasado en Ferguson, Missouri. Por qué no hay solución dentro de ese sistema.

La policía incluso puede parecer gente de pueblo, pero al estar uniformada y ganar un salario un poco mayor, se siente parte de las capas más acomodadas de la sociedad. Están entrenados a ver al pueblo como enemigo. Lo primero que piensan cuando ven a una persona negra es: me va a matar.

En Cuba esas cosas no pasan. ¿Por qué? Porque es normal que el hombre ayude al hombre, que la gente coopere entre sí. No se trata de una "buena política". Es una realidad. Es la razón por la que hacemos mucho con pocos recursos. En Estados Unidos pueden dar todos los recursos del mundo a las prisiones y no va a cambiar nada. No habrá ni visitas conyugales ni otras condiciones humanitarias. ¿Por qué? Porque el hombre está allí para castigar al hombre.

FERNANDO GONZÁLEZ: En Miami vimos mujeres que las arrestaban embarazadas. Cuando llegaba el momento del parto, llevaban a la mujer al hospital...

RAMÓN LABAÑINO: ...encadenada.

FERNANDO GONZÁLEZ: Sí, *encadenada*. Paría en el hospital y a los dos días la traían de regreso a la celda sin el bebé.

Hace poco visité una prisión de mujeres aquí en Cuba, en Guantánamo. Antes de la visita, unos compañeros que trabajaban en la prisión me pidieron recomendaciones. Yo les dije que no podía dar ninguna, porque la ética de la revolución hace que las condiciones en Cuba sean lo contrario de lo que nosotros pasamos en las prisiones en Estados Unidos.

Cuando recorrí la prisión de mujeres me quedé realmente asombrado. En Estados Unidos, a unas millas de distancia ya sabes que estás cerca de una prisión. Ves los muros, las cercas, las serpentinas con las cuchillas, las torres, las luces, los carritos vigilando. Pero en Guantánamo nos acercábamos y yo decía: ¿Dónde está la prisión? Había un muro allí que lo podías brincar fácilmente. ¡Hasta yo, así gordo como estoy, lo brinco!

Adentro hay cuartos que son como pequeños apartamentos. Si la mujer está embarazada —o sale embarazada, porque hay visita conyugal— puede quedarse en uno de esos cuartos hasta que el bebé cumpla un año. La prisión le garantiza la comida para el bebé y otras necesidades. También hay un taller de corte y costura.

GERARDO HERNÁNDEZ: Después del primer año el niño pasa a vivir con otros familiares, si es posible. Si no, esos niños viven en hogares para niños sin amparo filial. Cuando estábamos en la cárcel en Estados Unidos recibimos cartas de algunos de esos niños y yo tenía la idea errónea de que eran huérfanos, pero eran niños que vivían en estos hogares.

Me acuerdo de una niña, Anita, cuya mamá era reclusa. Más tarde la administradora del hogar nos escribió para decirnos que Anita ya no iba a estar ahí. Se iba al mes siguiente porque su mamá había cumplido su sentencia e iba a salir.

En Cuba el estado paga la manutención de un niño en un hogar como ese y se encarga de su educación hasta que la madre termine la sentencia.

TERCERA PARTE

Ofrecimos solidaridad a otros en la prisión y también la recibimos

RÓGER CALERO: ¿Cuál es la pena máxima de cárcel que se puede imponer en Cuba?

GERARDO HERNÁNDEZ: Actualmente la sentencia más alta es cadena perpetua. Anteriormente era 30 años, pero en 1999 se agregó la cadena perpetua al Código Penal.

FERNANDO GONZÁLEZ: La cadena perpetua se impone solamente por un pequeño número de crímenes muy graves. Apenas un puñado de personas están cumpliendo cadena perpetua actualmente. La pena capital no se ha eliminado de la ley, pero se ha utilizado en muy raras ocasiones en Cuba en los últimos 30 años. No se ha aplicado desde 2003.

MARY-ALICE WATERS: En Estados Unidos la duración de las sentencias ha aumentado enormemente en los últimos 30 años. El número de personas que cumplen cadena perpetua ha aumentado en más del 80 por ciento, y en casi un tercio de estos casos —como la sentencia impuesta a Gerardo, y a Antonio y Ramón hasta que se apeló y fue reducida— es cadena perpetua sin posibilidad de libertad condicional. Lo que dijo Ramón te deja atónito: que la mayoría de los presos en Beaumont cumplían sentencias de alrededor de 80 o 90 años.

A eso se agrega el uso del confinamiento solitario. En una connotada prisión estatal en California, la de Pelican Bay, en 2012 más de la mitad de los mil reos llevaban cinco años o más

Mensaje de Ramón Labañino a la familia de Troy Davis y sus partidarios

Hermanos y hermanas:

Hemos sentido profundamente la horrible ejecución de Troy Davis.* Es otra terrible injusticia que mancha la historia de este país. Nos unimos al dolor de sus familiares, amigos y hermanos de todo el mundo. Ahora tenemos otra causa, otra bandera, para continuar nuestra lucha por un mundo mejor para todos, libre de la pena de muerte y de la barbarie.

En honor de Troy y de todos los inocentes del mundo, tenemos que seguir unidos, ¡hasta la victoria final!

Nuestro más sincero pésame.

Cinco abrazos fraternales,

A nombre de
ANTONIO GUERRERO
FERNANDO GONZÁLEZ
GERARDO HERNÁNDEZ
RENÉ GONZÁLEZ
RAMÓN LABAÑINO
23 DE SEPTIEMBRE DE 2011

Troy Davis durante juicio en 1991

---

* Troy Davis fue ejecutado el 21 de septiembre de 2011, bajo cargos fabricados de matar a un policía en Savannah, Georgia. No hubo pruebas físicas que vincularan a Davis con la muerte. Siete de los nueve testigos que no eran policías luego cambiaron su testimonio; varios dijeron que la policía los presionó para que acusaran falsamente a Davis de ser el asesino. Una campaña internacional se opuso a su ejecución y Davis logró varias suspensiones de esa sanción. Pero las cortes rehusaron otorgarle un nuevo juicio y el presidente Barack Obama se negó a intervenir. Davis insistió en su inocencia hasta el final.

bajo confinamiento solitario, ¡y el 8 por ciento de ellos llevaban entre 20 y 40 años! En el estado de California, casi 12 mil presos —un 7 por ciento— están en celdas de aislamiento. Esto forma parte del sistema de castigos y represalias.

En cuanto a la pena de muerte en Estados Unidos, se sigue utilizando como arma de terror contra el pueblo trabajador. Más de 900 personas han sido ejecutadas desde que ustedes fueron arrestados en 1998; el año pasado ejecutaron a 35 personas y dictaron sentencias de muerte contra otras 73. Unos 3 mil presos se encuentran en el pabellón de la muerte en las prisiones estatales y federales.

GERARDO HERNÁNDEZ: Además hay por lo menos 2500 menores de edad en Estados Unidos que están cumpliendo cadena perpetua sin posibilidad de salir en libertad condicional. Puede que ahora sean mayores de 18 años, pero no lo eran cuando recibieron la cadena perpetua. Y se les condenó en una corte de mayores.

MARY-ALICE WATERS: Cientos de miles de trabajadores en Estados Unidos tienen hijos, hermanos, sobrinos, padres u otros familiares que están encerrados en prisiones de las que nunca van a salir. Todos tenemos parientes, amigos, compañeros, vecinos o compañeros de trabajo cuyas familias viven esta situación.

RAMÓN LABAÑINO: Quiero decir algo sobre el impacto sicológico en el ser humano cuando te dicen que vas a cumplir cadena perpetua. Está hecho para deshumanizarte. Te dicen que vas a morir en la cárcel. No tienes salida.

Los suicidios entre las personas que acaban de recibir una sentencia larga no son inusuales. Cuando estábamos en el centro de detención de Miami-Dade alguien se ahorcó. Me acuerdo perfectamente.

FERNANDO GONZÁLEZ: Pusieron su cuerpo frente a nuestra celda.

RAMÓN LABAÑINO: Era un muchacho negro. Lo habían sentenciado a 25 años, o sea, a un plazo que podría haber cumplido físicamente. Pero mucha gente no supera una sentencia como esa. Es una de las causas de la violencia, los asesinatos y las violaciones.

En Beaumont, por ejemplo, dos o tres presos jóvenes se pusieron de acuerdo y violaron a una guardia. Le cayeron encima con unos candados. Era una de las mejores oficiales de la cárcel. Una mujer decente, tranquila.

Ellos eran jóvenes —de 20, 22, 25 años— que nunca iban a salir para la calle. Tenían cadena perpetua y nunca iban a tener relaciones sexuales fuera de los muros de la cárcel. Es una cosa que deshumaniza mucho.

FERNANDO GONZÁLEZ: Está relacionado con lo que hablábamos antes, las sentencias negociadas. El Congreso aprobó leyes para establecer sentencias obligatorias. Entonces, ¿qué opciones tienes? No quieres arriesgarte a cumplir esa enorme cantidad de tiempo, así que te declaras culpable. Cooperas con el gobierno y te reducen la sentencia. Está hecho así a propósito, no por casualidad.

RÓGER CALERO: En 2012 uno de los jueces de la Corte Suprema de Estados Unidos emitió una opinión en la que confirmó lo que estás planteando: que hoy día la negociación de sentencias "no es un complemento del sistema de justicia penal; *es* el sistema de justicia penal" en Estados Unidos. Las sentencias largas van dirigidas a obtener una declaración de culpabilidad.

MARY-ALICE WATERS: Sin embargo, en medio de todo esto también existía la solidaridad entre los presos. Las mismas experiencias de ustedes ofrecen muchos ejemplos. Sabemos por las entrevistas que han concedido, y por los homenajes que les han hecho algunos de sus compañeros de cárcel, que ustedes ayudaban a otros y ellos los ayudaban a ustedes. Us-

La Revolución Cubana está animada por un espíritu de justicia y no de venganza

Raúl Castro

Presidente de los Consejos de Estado y de Ministros
Primer Secretario del Partido Comunista de Cuba

Esta mañana, a propuesta del Buró Político, el Consejo de Estado acordó conmutar la pena de muerte a un grupo de sancionados. Les corresponde, en su lugar, la de privación perpetua de libertad, excepto los que cometieron el hecho delictivo antes de establecerse esta sanción en nuestro código penal [de 1999], que les sería aplicable la de 30 años de prisión. Algunos condenados llevaban varios años en espera del pronunciamiento del Consejo de Estado.

Esta situación se produce, principalmente, por la política aplicada desde el año 2000 de no ejecutar ninguna sanción de ese tipo, la que solo fue interrumpida en abril del 2003 para frenar en seco la oleada de más de 30 intentos y planes de secuestro de aviones y barcos, alentados por la política de los Estados Unidos en la recién iniciada guerra en Iraq...

Se ha adoptado esta decisión no por presiones sino como un acto soberano, en consonancia con la conducta humanitaria y ética que caracteriza a la Revolución Cubana desde sus inicios, animada siempre por un espíritu de justicia y no de venganza, conociendo además que el compañero Fidel es favorable a eliminar, cuando existan las condiciones propicias, la pena de muerte por cualquier tipo de delito y se opone a los métodos extrajudiciales que algunos países bien co-

(Sigue en la próxima página)

nocidos practican impúdicamente.

No significa que suprimamos la pena capital del Código Penal. En diversas ocasiones hemos discutido sobre el tema y siempre ha prevalecido el criterio de que en las actuales circunstancias no podemos desarmarnos frente a un imperio que no cesa de acosarnos y agredirnos.

El terrorismo contra Cuba ha gozado de total impunidad en los Estados Unidos. Se trata de un verdadero terrorismo de estado.

28 DE ABRIL DE 2008
*SEXTO PLENO DEL COMITÉ CENTRAL
DEL PARTIDO COMUNISTA DE CUBA*

Avanzamos hacia un futuro en que se abolirá la pena capital en Cuba
Fidel Castro

Aquí jamás a nadie se le castiga por venganza. Entre las sanciones tenemos también las cadenas perpetuas, que es una alternativa a la pena capital...

Pienso que avanzamos hacia un futuro, en nuestro país, en que estemos en condiciones de abolir la pena capital. Así que un día estaremos entre esos países que han suprimido esa pena. Aspiramos a eso, a partir no de cuestiones simplemente filosóficas, sino de un sentido de justicia y de realidades.

*CIEN HORAS CON FIDEL:
CONVERSACIONES CON IGNACIO RAMONET*
(OFICINA DE PUBLICACIONES DEL CONSEJO DE ESTADO,
NOVIEMBRE DE 2006)

tedes ayudaron a muchos cubanos a volver a conectarse con sus familias, por ejemplo. Se ganaron el respeto de muchos.

Me recuerda cómo la prensa presentó las condiciones horrendas en Nueva Orleans después del huracán Katrina en 2005. Casi todo lo que escribían era sobre la violencia y el miedo, lo terrible que eran las cosas. Apenas un susurro sobre el sinnúmero de actos de bondad y solidaridad que miles de trabajadores se brindaron mutuamente al esforzarse, juntos, para restaurar la vida y la dignidad.

Sería valioso que nos hablaran de cómo actuaron en medio de todos los desafíos de la prisión.

GERARDO HERNÁNDEZ: La solidaridad era mutua. Nosotros dimos apoyo y recibimos apoyo. Ya mencionaste el caso de la reconexión familiar, por ejemplo.

Me viene a la mente el caso de un muchacho llamado Ángel. Angelito —así le decíamos— era relativamente joven. Había emigrado de Cuba por el Mariel en 1980 y llevaba ya varios años preso en Estados Unidos. Tenía cicatrices en los brazos y un día le pregunté qué había pasado. Me dijo que había intentado suicidarse cuatro o cinco veces y que lo habían llevado sangrando para el hospital.

La madre y el padrastro se lo habían llevado de Cuba con siete u ocho años de edad. Antes lo había criado su abuela en Cuba, donde dejó dos hermanas. Al llegar a Estados Unidos su padrastro, por celos, no dejaba que la madre llamara a Cuba. Ella y Ángel perdieron todo vínculo familiar.

Cuando murió la madre de Ángel, el padrastro lo abandonó. El muchacho comenzó a cometer crímenes y acabó preso. Estaba completamente solo. Le pregunté el apellido de la familia y en qué parte de La Habana vivía. Me dio el nombre de un cine cercano al barrio donde creció.

Yo me comuniqué con mi suegra, que vive más o menos en esa zona. Ella dio con la casa donde vivió la familia, pero se

> ## La negociación de sentencias no es *parte* del sistema de justicia norteamericano: *es* el sistema
> *Anthony Kennedy, juez de la Corte Suprema*
>
> "El 97 por ciento de los veredictos de culpabilidad en el sistema federal y el 94 por ciento a nivel estatal son el resultado de admisiones de culpabilidad. La realidad es que la negociación de sentencias ha llegado a ser una parte íntegra de la administración del sistema de justicia penal, hasta tal punto que el abogado defensor tiene responsabilidades en el proceso de negociación de sentencias...
>
> "En gran medida... los regateos [entre la fiscalía y el abogado defensor] deciden quién va a la cárcel y por cuánto tiempo". De esto se trata la negociación de sentencias. No es un complemento del sistema de justicia penal; *es* el sistema de justicia penal".
>
> OPINIÓN DE LA CORTE
> CASO MISSOURI v. FRYE
> 21 DE MARZO DE 2012

habían mudado. Siguió indagando y me envió alguna información.

—Angelito —le dije—, tengo malas noticias y buenas noticias. ¿Cuáles quieres primero?

—Las malas primero.

—Una de tus hermanas falleció. Tu abuelita falleció también.

Él se echó a llorar.

—Las buenas son que tu otra hermana está aquí en Estados Unidos. Lleva años buscándote. Aquí está su teléfono.

Entonces Angelito llorando me pidió que fuera con él a la oficina del capellán de la prisión a ver si le permitía hacer una llamada, porque no tenía dinero para llamar. Fuimos y el capellán marcó ahí mismo. Angelito se reconectó con su hermana.

Su comportamiento comenzó a cambiar completamente. Él antes había recibido reportes disciplinarios con frecuencia. Cuando pidió ser trasladado al estado donde vivía la hermana, las autoridades le dijeron que se lo darían si mantenía una conducta limpia por seis meses. Así lo hizo. La última vez que supe, Angelito estaba en el mismo estado que la hermana y ella lo visitaba.

RENÉ GONZÁLEZ: Los presos afroamericanos mayoritariamente tenían un trato cordial con nosotros. En la cárcel, en general se establecen relaciones de interés. Nadie te da nada por nada. En una ocasión, un preso me pidió que le revisara un documento legal. Lo revisamos juntos y se lo traduje. Cuando él me iba a pagar le dije que no. Eso lo sorprendió. Los otros presos se enteraron y eso afectó su actitud hacia mí.

Recuerdo a un afroamericano que para ganarse unos pesos les planchaba la ropa a otros presos. A mí no me cobraba. Era una forma de decir: te respeto, has sido consecuente. No te has doblegado y eres solidario.

Ninguno de nosotros tuvo problemas, esa es la verdad. Nuestros compañeros de cárcel sabían que nosotros no íbamos a delatarlos, así que nos tenían confianza. Si iba a surgir un problema, siempre venía alguien y te avisaba: "Mira, no vayas allí". O te decían: "Mira, guarda un poco de agua, que va a haber un *lockdown* porque habrá un problema entre dos pandillas". Todos logramos cumplir la condena sin problemas, ni con los oficiales ni con los presos.

GERARDO HERNÁNDEZ: Por supuesto, uno no andaba en la prisión haciendo la historia de su caso. Pero gracias al *Mili-*

tante, a los libros editados por Pathfinder y otras publicaciones que llegaban a la prisión, la gente se enteraba de nuestra historia. Llegó un momento en que se conocía sobre el caso de los Cinco en todas las prisiones federales. O bien alguien había estado en prisión con uno de nosotros, o con otra persona que había estado con uno de nosotros, o había leído acerca de nosotros.

Un buen día alguno me decía: "Oye, Cuba, aquí llegó alguien nuevo de tal prisión que conoció a Ramón —o a Fernando, o a Tony, o a René— y quiere conocerte". O alguno que había leído sobre el caso y quería conocerme. Tuvimos muchísimas experiencias así.

Había presos afroamericanos que se acercaban y me decían:

—Leí una entrevista en el *Militante* que dice que tú estuviste en Angola. Que Cuba estuvo en África apoyando la liberación de los pueblos africanos ¿Tú fuiste parte de eso?

—Sí, yo fui parte de eso.

—Yo quiero que sepas que tienes todo nuestro apoyo. Cualquier problema que tú tengas aquí, nos dejas saber. Si necesitas donde sentarte en el comedor, puedes sentarte con nosotros. Si necesitas una celda, puedes vivir con nosotros. No hay problema.

Manifestaciones de solidaridad de ese tipo recibimos muchísimas en las diferentes prisiones donde estuvimos.

Recuerdo especialmente una experiencia. En Lompoc, donde estuve los primeros años después del juicio, había un preso que llevaba un tatuaje de esos con la SS. Un día él me ve leyendo el *Militante* y empezamos a conversar; le doy el periódico.

Él me dice: "Me voy a suscribir".

Yo le digo: "Cuando leas lo que hay en el *Militante* [*se ríe*] ¡vas a pedir que te devuelva tu dinero!"

CORTESÍA DE GERARDO HERNÁNDEZ

CORTESÍA DE RAMÓN LABAÑINO

"Llegó un momento en que se conocía el caso de los Cinco en todas las prisiones federales gracias al *Militante*, a los libros de Pathfinder y otras publicaciones. O bien alguien había estado en prisión con uno de nosotros, o con otra persona que había estado con uno de nosotros, o había leído acerca de nosotros".
—*Gerardo Hernández*

Eladio "Fantomas" Bouza, cubano, con Hernández en Lompoc, California, en 2003 (arriba), y con Labañino en Beaumont, Texas, en enero de 2008 (abajo).

CORTESÍA DE RAMÓN LABAÑINO

"Con la tropa de Jesup" en julio de 2011, dice Ramón Labañino de los cubanos en esa prisión federal en Georgia. De pie, desde la izquierda: Diosdado, Santy y Labañino. En cuclillas, desde la izquierda: Lázaro, Shorty y Miguel.

"En muchos casos logramos comunicar a presos cubanos con miembros de sus familias con los cuales habían perdido el contacto. Esa relación era mutua… Me mantengo en contacto con personas que fueron mis amigos en la prisión".
—*Ramón Labañino*

Lo dejamos así. A él se lo llevaron al "hueco" y a mí me sacaron para Victorville. Después nos dejamos de ver. Y ahora este año que pasó, en 2014, casi 10 años después, él llegó a Victorville. ¡Y estaba suscrito al *Militante*!

Me dice: "Oye, me he mantenido al tanto de todo lo que ha pasado contigo".

Yo al principio no le creía. Pero un día me dijo: "Ahorita me llegó el periódico". Él recibía su suscripción primero que yo, porque mi correo me lo demoraban y lo llevaban para el SIS [la policía de las prisiones federales].

RAMÓN LABAÑINO: La solidaridad empezaba cuando los presos se enteraban de quiénes éramos nosotros. Te pongo un ejemplo.

Después que nos impusieron esas sentencias descomunales en diciembre de 2001, sabíamos que las prisiones que nos esperaban serían lugares difíciles. Sobre todo Gerardo, Antonio y yo, que teníamos cadenas perpetuas.

Siempre teníamos la preocupación de que chocáramos con gente anticomunista, antifidelista. A mí me enviaron para la penitenciaría en Beaumont, Texas. Se conocía como *Bloody Beaumont*: Beaumont Sangriento.

Cuando llega el capitán, el alcaide, empieza a interrogarme: "Así que tú eres preso político. Odias al presidente Bush". Estaba tratando de provocarme. Yo me empecé a reír.

Él continuó: "¿Así que te crees un tipo duro?" Amenazó con mandarme para el hueco por una semana y luego ponerme en la unidad "con el cubano más malo de aquí, el que controla la prisión".

Efectivamente, el alcaide me mandó una semana para el hueco. Allí hice amistad con dos afroamericanos que me indicaron las reglas de la prisión, sus códigos y peligros.

Cuando salí ya iba pensando que vería al cubano ese. Estaba seguro que sería uno de esos contrarrevolucionarios y que iba a tener problemas con él. Cuando llegué a la unidad vi a un hombre flaco sentado ahí, con la camisa abierta. Solo de verlo sabía que era cubano: una guapería, así tirado para atrás. Nunca se me olvida aquella imagen, con un guardaespalda a cada lado.

Me dice: "Oye tú, ven acá ". Lo dice de una forma tal que me hace pensar: "Ya me voy a fajar".

Suelto los bultos y me acerco. Cuando estoy como a dos metros, me pregunta: "Ven acá, chico, ¿tú eres uno de esos cinco espías de Fidel?"

"Sí", le respondo tranquilamente. "Soy uno de los cinco hombres de Fidel. ¿Cuál es el problema? Si lo hay, vamos a resolverlo ya. ¿Qué quieres hacer?"

Para mí esto ya era una cuestión de conflicto. Pero de pronto, aquel hombre da un salto y me dice: "¡Mi hermano! ¡Ustedes sí son unos guapos!"

Pero lo importante es lo que él agrega después: "Porque ustedes son hombres de Fidel".

Él sabía que eso significaba que nos habíamos mantenido firmes durante el juicio de casi siete meses, que no habíamos negociado. Que nos habíamos enfrentado al sistema. Que no íbamos a temblar.

Desde ese momento él me ayudó en todo. Me enseñó cómo era todo allí, qué hacer si había una situación.

Su nombre es Alejandro Maíz. Creo que no hay problema en decirlo públicamente. Salió después de cumplir 20 años. Todavía me escribe desde Miami. Me pidió fotos. Quiere dárselas al padre.

Nos respetaban también por el hecho de ser comunistas. Al igual que le pasó a Gerardo, uno de los presos afroamericanos vino y me dijo: "Oye, lo que te haga falta, cualquier situación que tú tengas, nos avisas".

Y los musulmanes también. Cuando Louis Farrakhan, el líder de la Nación del Islam, visitó Cuba me fueron a ver unos presos de la Nación del Islam. Me dijeron: "Nosotros estamos contigo, para lo que te haga falta. Aquí nadie puede meterse contigo".

La prisión fue un aprendizaje. Nos pusimos la meta de salir más fuertes que cuando entramos.

Nosotros nunca nos buscamos problemas, obviamente. Y poco a poco fue aumentando el apoyo, incluso desde el punto de vista de la protección física.

Como decía Gera, en muchos casos también logramos comunicar a muchos presos con miembros de sus familias en Cuba con los cuales habían perdido el contacto. Estaban muy agradecidos. Esa relación era mutua. Me mantengo en contacto con personas que fueron mis amigos en la prisión. Casualmente, me llamó uno de ellos hoy.

En un momento quizás hayan cometido un delito. Pero son gente que cuando tú hablas de Cuba, de Fidel, de la revolución, ellos defienden su país. El día de mañana que invadan a Cuba, me dijo uno de ellos, "aquí nos alzamos en armas".

Esa solidaridad se dio para dondequiera que nosotros nos movimos.

RENÉ GONZÁLEZ: La prisión fue un proceso de aprendizaje para nosotros. Nos pusimos la meta de salir más fuertes que cuando entramos.

Los carceleros quieren destruirte. Quieren quebrar tu integridad física, moral, mental. Tú lo percibes enseguida. Aprendes el primer día que tienes que resistir eso, y que la medida de la victoria va a estar en salir en mejor forma que cuando te metieron en la cárcel. Cada cual, según sus características, adoptó su propia estrategia para lograrlo.

RAMÓN LABAÑINO: Uno tiene que recurrir a su riqueza interior. Si caes en la negatividad de la cárcel, si te tomas lástima, eso te destruye.

RENÉ GONZÁLEZ: Para mí lo más difícil al principio fue percatarme que yo no podía reaccionar como ellos deseaban. No me tomó mucho tiempo. Un punto de inflexión fueron los 15 años de mi hija. Yo había guardado los minutos de la llamada semanal que nos otorgaban para llamarla ese día. Pero estábamos en el hueco y ellos se arreglaron para negármela.

Esa noche sufrí, pero al otro día cuando me desperté, ya era una persona diferente. Me di cuenta que no podía sufrir por las acciones de ellos. Cuando pude comunicarme le dije a mi esposa que a partir de ese momento, si yo la podía llamar, bien, y si no, también.

Comprendí que esos procesos los tenía que controlar yo, no ellos. Recordé que mi moral era muy fuerte y que ellos jamás la iban a cambiar. Como Ramón, me volqué mucho en el ejercicio físico —yo corría mucho— y en la lectura para cargar mi mochila intelectual.

GERARDO HERNÁNDEZ: Una pregunta que muchas personas nos hacen es: "¿Cómo era la relación de ustedes con los presos cubanos?" Saben que estuvimos en prisión con cubanos que se fueron del país y algunas personas no se imaginan cómo sería.

Estaba el preso que te decía: "Yo me fui de Cuba porque no me gusta el comunismo. No quería nada con aquello".

Otros te decían: "Yo me fui de Cuba por un embullo y ahora me arrepiento de haberme ido. Si pudiera, regresaría".

Estaban los que te decían: "Yo me fui a buscar nuevos horizontes" o "Me fui a buscar mejor vida".

Pero había un denominador común. Casi todos ellos decían: "Yo respeto lo que tú hiciste. Me guste el sistema en Cuba o no me guste, tengo familia allá. Cuando alguien pone una bomba, no pregunta si el que muere es comunista o no es comunista, y yo no quiero que le pase nada a mi mamá o a mi abuela. O sea, tengo que respetar lo que ustedes hicieron".

ANTONIO GUERRERO: Desde que fuimos sentenciados, el pueblo en Cuba empezó a enterarse del caso. Comenzaron a aparecer los carteles. La gente se enteró de los 17 meses en el hueco y los siete meses de juicio, que los enfrentamos con la mayor tranquilidad y dignidad.

Empezamos a recibir cientos de cartas, no solo de Cuba sino de Estados Unidos y de todo el mundo. Habían reportajes sobre nosotros en varias publicaciones. Todo eso se comenzaba a manejar a nivel de la prisión también. Además, los otros presos podían ver que éramos gente sencilla, autosuficiente. Ayudábamos a otros. Y claro, también teníamos nuestras opiniones.

RENÉ GONZÁLEZ: Primero, pienso que es por nuestra conducta. Nos ganamos respeto, incluso de cubanos y hasta de oficiales de la prisión, porque respetábamos a los demás. Si actúas así y si te mantienes fuera de ciertas actividades —el vicio, las drogas, el juego— los otros responden demostrándote respeto.

ANTONIO GUERRERO: Una de las cosas que yo hacía era jugar ajedrez. Había quienes jugaban por dinero. Los mejores ajedrecistas jugaban por interés, apostando. Yo les decía: "Yo no apuesto, así que no voy a jugar ajedrez contigo". Era parte de irse ganando el respeto.

RAMÓN LABAÑINO: Quiero agregar algo sobre esto de la solidaridad. En realidad no era exactamente solidaridad, eran los guardias. Generalmente, a cada lugar nuevo que llegábamos —yo estuve en todo tipo: máxima, mediana y baja seguridad— los guardias al principio nos cogían miedo. Habían leído nuestros expedientes, donde aparecía que habíamos sido condenados por "conspiración para cometer espionaje". Tú notabas la tensión. Pero en la medida que nos iban conociendo, empezaba a cambiar nuestra imagen incluso entre los mismos oficiales.

Una gran parte de eso se debió a la solidaridad que empezó a llegar de todas partes. Recibimos periódicos —como el *Militante*— con artículos en primera plana sobre los Cinco y libros con nuestras fotos. No puedes imaginarte cómo nos ayudó esto. Nos daba un aval de solidaridad por todo el mundo.

Los oficiales fueron cambiando de opinión. Decían: "Pero este hombre no puede ser el que me están pintando ahí en el expediente del gobierno. Alguien aquí está mintiendo. ¡El tipo es un héroe de la República de Cuba!"

Llegaba un momento en que el oficial se interesaba en investigar el caso. Recuerdo que uno leyó algo en el sitio del Comité Internacional por la Libertad de los Cinco Cubanos o del Comité Nacional por la Libertad de los Cinco Cubanos, no recuerdo cuál. Vino y me dijo: "Oye, pero… *you're bad*!" [eres un tipo malo]. Pero en el sentido de "¡eres bueno!"

Y yo me decía: "Dios mío…"

RENÉ GONZÁLEZ: Las cartas también nos ayudaron mucho, cartas de personas de todo el mundo. Los otros presos decían: "A este hombre lo quieren". Recuerdo cuando se hizo la emisión de sellos en Cuba con los rostros nuestros. Los recibíamos con las muchas cartas que nos mandaban los niños desde aquí. Algunos presos nos pedían que se los firmáramos. Hasta los oficiales muchas veces, a escondidas, me pedían que les firmara un sello.

Todas esas son cosas que te ayudan.

MARY-ALICE WATERS: Fernando, en diferentes ocasiones tú

estuviste en la cárcel con Oscar López y Carlos Alberto Torres, los independentistas puertorriqueños.* Eso habrá sido toda una experiencia.

FERNANDO GONZÁLEZ: En las dos prisiones donde pasé la mayor parte del tiempo tuve la oportunidad de compartir tiempo con dos personas de conciencia política, dos revolucionarios que cumplían condenas por razones políticas. Me considero un privilegiado.

En la prisión federal de Oxford, Wisconsin, durante más de cinco años llegué a conocer a Carlos Alberto Torres. Con Oscar López Rivera compartí casi cinco años y medio en la prisión de Terre Haute, Indiana. Mi vínculo con ellos fue diferente que con los otros prisioneros. Uno puede establecer una buena relación con mucha gente, pero Oscar y Carlos Alberto se convirtieron en mis compañeros y hermanos.

MARY-ALICE WATERS: ¿Compartieron la celda?

FERNANDO GONZÁLEZ: En el caso de Carlos Alberto, compartimos la misma unidad, pero no la celda. Con Oscar compartí la celda durante un buen tiempo.

El nivel de conciencia y de interés en los temas políticos de la mayoría de los presos es relativamente bajo. Pero con estos dos compañeros uno podía tener conversaciones de otro tipo. Son compañeros bien informados, con una formación política sólida. Conversábamos sobre muchos temas, incluso acontecimientos cotidianos.

Cuando llegué a la prisión, Oscar y Carlos Alberto ya llevaban largo tiempo allí, y yo me beneficié de su experiencia.

---

* El gobierno norteamericano fabricó casos contra Oscar López y Carlos Alberto Torres. López cumple una sentencia de 70 años y ha estado recluido en prisiones federales desde 1981. Torres salió en libertad condicional en julio de 2010 tras cumplir 30 años de una sentencia de 78 años.

Su visión de la vida en la prisión no era la que encuentras en un preso normal.

Por eso digo que me siento un privilegiado. No solo por haberlos conocido personalmente, sino por el tipo de seres humanos que son: extremadamente humanos, solidarios hacia los demás. Con un conocimiento sólido de la historia de Puerto Rico. Y ambos se mantenían muy informados sobre Cuba.

Oscar y Carlos Alberto se convirtieron en mis compañeros y hermanos.

Oscar es una persona ya de más edad. Con una experiencia de las luchas de los años 60 y 70 en Estados Unidos. No solo del independentismo puertorriqueño, sino de las luchas de los afroamericanos, los chicanos y otros que fueron parte de la izquierda radical.

RÓGER CALERO: Oscar dice que su visión política se vio profundamente impactada por sus experiencias cuando de joven fue reclutado por el ejército norteamericano para cumplir servicio en Vietnam, durante la brutal guerra de Washington en ese país.

FERNANDO GONZÁLEZ: Cuando me encontré con Oscar por primera vez en la prisión, lo fui a saludar. Lo primero que me dijo fue: "Sí, yo sé quién tú eres". Ten en cuenta que nunca nos habíamos visto personalmente. Pero él sabía de nuestro caso, conocía los nombres de los cinco, la historia de nuestra lucha, y estaba bien informado sobre Cuba.

Carlos Alberto y Oscar tenían conocimiento político de lo que representaba nuestra causa. Por la educación política

SETH GALINSKY/MILITANTE

RED NACIONAL BORICUA DE DERECHOS HUMANOS

Arriba: Nueva York, 8 de junio de 2014. Manifestantes en el Desfile Puertorriqueño reclaman libertad para Oscar López Rivera, el preso independentista puertorriqueño más antiguo en Estados Unidos.
Abajo: Carlos Alberto Torres (camiseta oscura), recién liberado tras 30 años de prisión, es recibido en julio de 2010 en San Juan, Puerto Rico.

Fernando González compartió varios años en las prisiones federales con los dos independentistas: con Torres en Oxford, Wisconsin, y con López Rivera en Terre Haute, Indiana.

"Oscar y Carlos Alberto son revolucionarios conscientes que fueron condenados por razones políticas. Cuando llegué a la prisión, cada uno ya llevaba largo tiempo allí, y yo me beneficié de su experiencia. Se convirtieron en mis compañeros y hermanos. Me considero un privilegiado de haberlos conocido".
—*Fernando González*

que había recibido en Cuba sobre la historia de Puerto Rico —que es bien cercana a la nuestra— yo podía comprender perfectamente las circunstancias en que estaban ellos. En la medida de mis posibilidades pude contribuir a la campaña para su liberación.

MARY-ALICE WATERS: La lucha por la libertad de Oscar está tomando impulso, especialmente con la creciente ira entre los puertorriqueños por la crisis económica que golpea la isla tan duramente a causa de su situación colonial. Hay un notable aumento en la amplitud de las fuerzas que reclaman la excarcelación de Oscar. El año pasado él recibió un reconocimiento oficial en el Desfile Puertorriqueño en Nueva York, y también este año hubo una agrupación grande que marchaba por su libertad.

FERNANDO GONZÁLEZ: Si hay algo que se pueda llamar los mejores años de uno en la prisión —si se pudiera usar esa expresión, porque la prisión yo no se la deseo a nadie— tendrían que ser los años que compartí con Oscar. Fue una experiencia especial.

CUARTA PARTE

La solidaridad mundial nos dio la fuerza para resistir los peores momentos

MARY-ALICE WATERS: En vísperas de la entrada de Estados Unidos en la Segunda Guerra Mundial, toda la dirección del Partido Socialista de los Trabajadores fue enjuiciada bajo cargos de conspiración sediciosa y conspiración para abogar por el derrocamiento del gobierno norteamericano. Fueron declarados culpables del segundo cargo y encarcelados dos años más tarde.

FERNANDO GONZÁLEZ: Conspiración sediciosa fue el mismo cargo que usaron contra Oscar López.

MARY-ALICE WATERS: Sí. Fueron sentenciados el 8 de diciembre de 1941, un día después del ataque de las fuerzas armadas japonesas a la base naval norteamericana de Pearl Harbor, en Hawai. Los principales dirigentes del partido y de la campaña de sindicalización de los Teamsters en la región centro-norte del país fueron sentenciados a 16 meses, en lo que fue quizás el momento más cargado políticamente de la campaña bélica imperialista.

Menciono la duración de la sentencia porque es un contraste notable con las sentencias que ustedes y muchas otras personas han recibido en años recientes. Nos dice algo sobre la evolución del sistema de "justicia" estadounidense.

Catorce de los 18 compañeros pudieron cumplir sus sentencias juntos, en la misma prisión. Pudieron comunicarse entre sí y apoyarse. Y aprovecharon el tiempo para hacer lo que muchas veces les resulta difícil a los dirigentes revolucionarios, debido a todas las exigencias del liderazgo: organizar una seria labor de lectura y estudio. Jim Cannon —dirigente fundador del movimiento comunista en Estados Unidos y uno de los que fueron encarcelados bajo cargos fabricados— lo llamaba su "semestre en la Universidad de Sandstone…".

FERNANDO GONZÁLEZ: ¿En referencia a Sandstone, Minnesota?

MARY-ALICE WATERS: Sí, fueron enviados a la prisión federal en Sandstone.

Todos ustedes saben de la Academia Abel Santamaría que Fidel y otros combatientes del Moncada organizaron durante su año y medio de presidio en la Isla de Pinos. Ustedes no tuvieron la misma oportunidad ya que fueron enviados a cinco prisiones distantes. Pero sabemos, por sus cartas, por los libros que pedían y que recibían de muchas partes y los comentarios que hacían sobre su lectura, que el estudio era una parte esencial de su vida.

¿Qué tan importante fue esto para ustedes en la cárcel? ¿Y cómo fue que sus dibujos, pinturas y poesías se convirtieron en una forma de resistencia? Como dijo Fernando en una entrevista reciente, él dedicaba el 20 por ciento de su tiempo a seguir lo que estaba pasando dentro de la cárcel y el 80 por ciento a seguir lo que estaba pasando en el mundo.

FERNANDO GONZÁLEZ: En la prisión yo me propuse, después de observar mi entorno, usar el tiempo en beneficio propio. Me propuse salir de allí estable, con salud física. Si eso no ocurría, ellos ganarían.

Yo leía muchísimo y eso me daba otra ventaja. Yo me decía constantemente que, a pesar de pasar por la prisión, no tenía que convertirme en "presidiario".

ANTONIO GUERRERO: Fue un proceso de superación autodidacta, encima de la formación que teníamos. Hay millones de libros, muchos de los cuales se leen fácil, te entretienen. A veces pareciera que en la cárcel tienes mucho tiempo, aunque sabes que no es cierto. La única manera que tienes de superarte es leyendo y recibiendo conocimientos de otros. En la medida que seleccionas, ahí obtienes los resultados.

Las lecturas eran variadas y nos llegaban por diferentes vías. El otro día anduvimos con un compañero de Puerto Rico en una actividad en Oriente. Fue el 26 de julio, cuando subimos el Pico Turquino. Ese compañero por un tiempo nos había enviado las "Reflexiones" de Fidel, que se han publicado en los periódicos y los medios digitales cubanos.

Además recibíamos un boletín de noticias de la Sección de Intereses de Cuba en Washington. Era una lectura de tremendo valor, aunque viniera con retrasos. Contenía noticias nacionales e internacionales, con temas relacionados con Cuba. Me pasaba días leyéndolo, subido en la cama.

Después nos fue posible recibir correo electrónico en la cárcel, y los compañeros nos podían enviar por lo menos las noticias más importantes, una o dos al día. Teníamos una fuente de información tan buena que no veíamos televisión.

Con la excepción del tiempo en el "hueco", donde había que leer lo que cayera en nuestras manos, tuvimos el privilegio de recibir los libros de ustedes: libros buenos que, como dijera José Martí, te aportan algo. Esa oportunidad es mucho más limitada para la gran mayoría de los presos, por supuesto.

Yo pude leer muchos de los libros que recibí. Otros los tuve que enviar a Cuba a causa de los *shakedowns*, las revisiones de las celdas. Los oficiales a veces nos decían que teníamos demasiados libros y que no podíamos guardarlos. Cuando me trasladaban, tenía cajas de libros que no me podía llevar.

En lo personal dediqué mucho tiempo a leer poesía y libros de arte. La única forma de aprender a pintar acuarelas, y después en pastel y en óleo, era leyendo. Entre más leía, más quería leer, hasta libros de museos. Todo lo que fuera poesía

> ## Libros que nos ayudaron a crecer
> ### René González
>
> No hubo semana que no nos llegara el *Militante* con algo sobre los Cinco. Difundiendo la causa, defendiéndonos...
>
> En la cárcel los libros de Pathfinder nos hicieron crecer, nos ayudaron a ver el mundo, nos ayudaron a ser más marxistas. En un medio donde todo lo que veíamos en la televisión eran tonterías, podías encerrarte en tu celda, coger un libro de Pathfinder y estabas en otro mundo. Estabas aprendiendo, estabas analizando, estabas madurando, eras una mejor persona.
>
> El *Militante* se colaba en la cárcel. Mis amigos lo metían en la biblioteca. Se los hacían quitar y lo volvían a poner. Aquello era una lucha para que la gente pudiera leer libros de Pathfinder, y la gente sí los leía.
>
> FERIA INTERNACIONAL DEL LIBRO DE LA HABANA
FEBRERO DE 2014

me gustaba. Me dediqué a estudiar ajedrez; yo tenía un libro grueso de problemas de ajedrez; lo tengo aquí en Cuba, en mi casa. Muchas veces me acostaba en la cama a resolver los problemas.

Lo importante era tener no solo la fuente de libros, sino la energía y el tiempo de lectura dedicado a cosas que fueran útiles. Yo pienso que lo pudimos hacer. Y eso influyó en otra gente.

Por mis manos pasaron también las más disímiles novelas, como *El Código Da Vinci*. A veces los libros dan una lista de los otros títulos del autor —Dan Brown, en ese caso— y tratabas de conseguirlos todos. Hasta que ya te aburrías y te preguntabas, ¿para qué me estoy leyendo estos libros si no conduce a nada?

También recibíamos la revista *Bohemia*, directamente desde Cuba, y las publicaciones de Cuba que ustedes nos mandaban, incluyendo *Granma Internacional* y *La Gaceta de Cuba*, la revista de la Unión de Escritores y Artistas de Cuba.

RAMÓN LABAÑINO: La revista *Temas* también. A mí me gusta mucho. Son muy polémicos los artículos de *Temas* sobre la economía cubana.

ANTONIO GUERRERO: Éramos una minibiblioteca, prácticamente. Una minibiblioteca de cosas buenas que a menudo se las pasábamos a otros presos.

Había cubanos con los que salíamos a caminar, compartíamos los libros y otras cosas. Pero su interpretación del mundo estaba muy lejana de la nuestra. Llegaba un momento en que decías: "No voy a entrar en una confrontación con este hombre porque no puedo cambiar su mentalidad". Me respetaban, yo los respetaba. Los escuchaba.

Como dice Fernando, no teníamos la dicha de estar con nuestros compañeros. Pero sí teníamos la dicha de recibir de manera constante las publicaciones, que se fueron incrementando al crecer la obra de solidaridad. Nos mantenían en un nivel de información privilegiado.

GERARDO HERNÁNDEZ: Yo veía el movimiento de solidaridad con nuestra lucha como una gran maquinaria compuesta por muchas pequeñas piezas, que si una fallaba las otras seguían trabajando. El desenlace final en diciembre se debió a hechos muy concretos. Tuvo que ver con el año y medio de negociaciones entre los gobiernos de Estados Unidos y Cuba que ya se han hecho públicas.

Pero nuestra libertad no habría sido posible sin el trabajo de miles de personas durante muchos años para que nuestro caso fuera conocido.

Preguntémonos: ¿por qué el gobierno norteamericano tenía que poner en libertad a los Cinco si no nos conocía nadie? ¿Por qué se iba a molestar si la gente no nos estaba reclamando día a día? No se puede menoscabar el impacto de todos los esfuerzos que se hicieron durante años. Nuestra excarcelación fue el resultado de esfuerzos de solidaridad amplios y unidos.

La solidaridad fue esencial para el día a día de nuestra resistencia.

Cuando me pusieron en "la caja" en Lompoc en 2003, me llegaron noticias que afuera había compañeros manifestándose frente al Buró de Prisiones y al Departamento de Justicia en Washington, con carteles que reclamaban nuestra libertad. Eso me dio una fuerza tremenda. Yo me decía: el papel mío en este pequeño espacio es resistir, que no me dé un ataque de pánico y me rinda. Mi misión era acompañar el esfuerzo de tantos compañeros allá afuera. Si ellos lo estaban haciendo bajo la lluvia o con temperaturas muy altas, faltando a su trabajo, ¿entonces cómo no lo iba a hacer yo?

Muchas veces no se habla de esto. Pero el valor de la solidaridad se ve en los resultados. Quiero destacar la importancia que tuvo para nosotros en los peores momentos en la prisión.

RAMÓN LABAÑINO: Los libros que recibíamos eran muy importantes en ese sentido. Yo tenía una fila esperando por los libros. El día que recibí *Cuba y Angola*, con las fotos que aparecen en la cubierta sobre la lucha en Angola contra el régimen sudafricano del apartheid, aquello causó una sensación[*]. La mayoría de los negros norteamericanos en la población de la

---

[*] *Cuba y Angola: Luchando por la libertad de África y la nuestra* por Fidel Castro, Raúl Castro, Nelson Mandela y otros (Pathfinder, 2013).

GRANMA

Arriba: (desde la derecha) Gerardo Hernández, Fernando González, Antonio Guerrero, Ramón Labañino y René González en Caracas, Venezuela, mayo de 2015. **Abajo:** Llegada a Sudáfrica, junio de 2015. Durante el año después de su regreso a Cuba en diciembre de 2014, los Cinco visitaron numerosos países para agradecer a los partidarios de la campaña por su libertad y solidarizarse con otras luchas.

"Nuestra libertad no habría sido posible sin el trabajo de miles de personas durante muchos años para que nuestro caso fuera conocido". —*Gerardo Hernández*

SETH GALINSKY/MILITANTE

DAN FEIN/MILITANTE

Arriba: Baltimore, 23 de abril de 2015. Sindicalistas y otros manifestantes exigen que sean enjuiciados los policías responsables de la muerte de Freddie Gray. **Abajo:** Chicago, 10 de noviembre de 2015. Trabajadores de comida rápida y otros marchan para exigir 15 dólares la hora y un sindicato, parte de una jornada nacional de protestas.

"Asesinatos por la policía. Los trabajadores de McDonald's y otros trabajadores pidiendo salarios más altos. El Walmart en problemas. Esto es lo que está pasando en Estados Unidos".
—*Ramón Labañino*

prisión no sabía que los voluntarios cubanos habían estado en Angola durante 16 años, defendiendo su soberanía contra Sudáfrica. El sistema desinformativo en Estados Unidos te borra la historia.

Los libros de Malcolm X volaban. Son oro en las prisiones. Los de Martin Luther King también.

Lo que Cuba hizo en Angola fue decisivo en la lucha contra el apartheid y por la liberación final de Namibia, Angola y Sudáfrica. Pero eso no es muy conocido en Estados Unidos. Así que había una fila esperando por los libros.

Cuando yo los recibía, los leía y los pasaba inmediatamente. Después nos sentábamos a hablar de ellos. Dos o tres se leían un libro y después me decían: "Oye, sal esta tarde para afuera, vamos a sentarnos". Y nos poníamos a debatir, tanto americanos como cubanos.

Era sin planificarlo. Yo daba mis puntos de vista y ellos los suyos. Uno de ellos había sido profesor universitario y tenía una mentalidad imperialista total. Llegó un momento en que yo le cogí confianza y se lo dije: "¡Tú lo que eres es un imperialista, chico! Tienes una mentalidad imperialista".

Esos debates parecían círculos políticos. Ahí uno exponía los hechos verdaderos. Cuando explicaba por qué Cuba participó en Angola, la gente se quedaba impactada.

Los libros de Malcolm X volaban. Yo no podía guardarlos: son oro en las prisiones. Los libros de Martin Luther King también. Nunca los volvía a recibir porque se los pasaban unos a otros.

Los libros de Fidel, los biográficos de revolucionarios cubanos, el *Militante* y todos los demás periódicos que recibíamos, yo no podía retenerlos en mis manos.

Yo les decía: léete estos artículos y luego dime ¿qué estación de televisión te habla de estas cosas que pasan en Estados Unidos? Este es el verdadero Estados Unidos, esto que está aquí en el *Militante*. Las huelgas. Los asesinatos de hombres por la policía. Las luchas por aumentos de salarios. Por qué los trabajadores de McDonald's están pidiendo salarios más altos. Por qué el Walmart está en problemas. Esto es lo que está pasando en Estados Unidos.

Es difícil recibir noticias en la cárcel. El televisor casi siempre está puesto en MTV. La música hip hop es lo más popular. No es que nos guste la CNN, pero por lo menos te tiran un poco de noticias. Hasta la Fox. Pero la mayoría quería música por la mañana y las últimas películas.

Cuando leían el *Militante* se impactaban. A partir de esto podías hablar. Era como una cadena: pedían que nos tomáramos una foto juntos para mandársela a la familia, y entonces las familias querían que les enviáramos los libros. Ojalá puedan seguir mandando el *Militante* y los libros a las prisiones, porque educan mucho a la gente.

También recibíamos la revista científica *Mar y Pesca*. Eso a mí no me duraba ni cinco minutos en las manos. Y cuando empecé a recibir revistas juveniles y de humor de Cuba —*Somos Jóvenes*, *Zunzún*, *Pionero* y *Dedeté*— ¡muchacho! los cubanos me las arrebataban.

GERARDO HERNÁNDEZ: También *Granma Internacional* jugó un papel importantísimo para saber sobre Cuba.

No es lo mismo sentarse con un preso y empezar a hablarle de Cuba o de la situación en Estados Unidos o del caso de los Cinco. Es más fácil decirle: "Mira, estúdiate este periódico, o este libro, y después hablamos". Y lo pudimos hacer. Hubo

Cuba y la revolución norteamericana que viene
Ramón Labañino

Acabo de leer *Playa Girón* y no puedo dejar de expresarles lo mucho que me gustó. He leído mucho sobre este suceso tan importante en la historia de Cuba, pero hay un detalle que no puedo pasar por alto:

El prólogo de Jack Barnes muestra la influencia directa de la Revolución Cubana, su ejemplo y repercusión, en el pueblo de Estados Unidos y en el movimiento revolucionario de izquierda y de solidaridad hacia nuestra patria.

Describe la repercusión de la batalla [en abril de 1961 contra los invasores apoyados por Washington] y la derrota de la fuerza mercenaria en Playa Girón en el seno de los estudiantes norteamericanos, de la intelectualidad y el movimiento progresista, y la lucha en Estados Unidos en contra del gobierno, sus mentiras y la maquinaria publicitaria, siempre al servicio de los ricos y poderosos…

Nunca había leído otro libro que tratara esta temática.

CARTA A LA EDITORIAL PATHFINDER
14 DE JULIO DE 2002

muchos presos que se asombraban: "Yo no sabía que esto ocurría en mi país, en Estados Unidos". O: "Yo no sabía que existía un partido que no fuera el Demócrata y el Republicano". Así nos decían.

No lo digo porque estemos conversando con ustedes ahora. Es importante reconocer la labor de Pathfinder durante nuestros años de prisión. Ese apoyo fue constante desde que comenzó la batalla por nuestra liberación hasta el último día.

Ayer mismo recibí una carta de una de las personas con las que yo compartía el *Militante* y otras publicaciones. Todos le dicen Zacatecas, pero su nombre es Norberto Quintana. Él me escribió: "Desde que te fuiste, estamos extrañando esas publicaciones. Extrañamos el *Militante*".

FERNANDO GONZÁLEZ: Las bibliotecas de las prisiones por las que pasamos todos nosotros se llenaron de los libros de Pathfinder. Ocurría una de las cosas más simpáticas: me llegaba un libro de Pathfinder, yo lo leía, se lo pasaba a alguien, este se lo pasaba a otro y al final…

GERARDO HERNÁNDEZ: Te lo traían a ti.

FERNANDO GONZÁLEZ: No, lo dejaban en la biblioteca. Entonces a los dos meses venía alguien y me decía: "¡Oye, Cuba, en la biblioteca hay un libro que te va a gustar!"

RAMÓN LABAÑINO: Otro libro que la gente también leía mucho era el de Jack Barnes, *Cuba y la revolución norteamericana que viene*.

MARY-ALICE WATERS: Recuerdo la carta que nos enviaste después de leer la introducción de Jack Barnes al libro *Playa Girón/Bahía de Cochinos: Primera derrota militar de Washington en América*. Luego se publicó también en *Cuba y la revolución norteamericana que viene*.

RAMÓN LABAÑINO: Y también estaba el libro que nos mandaron sobre los tres generales cubano-chinos, *Nuestra historia aún se está escribiendo*. Los cubanos, en cuanto lo veían, me lo quitaban.

QUINTA PARTE

Estamos en una batalla de ideas y la vamos a dar

MARY-ALICE WATERS: Hasta ahora hemos hablado sobre sus experiencias como parte de la clase trabajadora en Estados Unidos. Antes de concluir, hablemos de su vida y sus responsabilidades desde el 17 de diciembre de 2014, cuando todos ustedes se juntaron de nuevo en suelo cubano.

La decisión de Washington de excarcelar a Gerardo, Ramón y Antonio y de restablecer las relaciones diplomáticas con el gobierno cubano fue un reconocimiento de que la política aplicada por 11 administraciones consecutivas —tanto demócratas como republicanas, desde Dwight Eisenhower hasta Barack Obama— no logró su objetivo. Es un tributo a las décadas de resistencia del pueblo cubano, una tremenda victoria.

Pero Washington no ha cambiado su objetivo, solo los métodos. Mantiene su meta de derrocar las relaciones sociales y de propiedad —que fueron conquistadas y transformadas mediante luchas revolucionarias en Cuba hace más de 50 años— y restablecer el dominio del capital. La guerra económica norteamericana contra Cuba no ha terminado. Washington continúa ocupando territorio soberano de Cuba en la Bahía de Guantánamo. Sigue dedicando millones de dólares todos los años a programas dirigidos hacia el "cambio de régimen".

Sin embargo, las nuevas tácticas de Washington presentan nuevos desafíos.

Desde que ustedes fueron liberados, han viajado prácticamente a todos los rincones de la isla, intercambiando con miles de cubanos y especialmente con los jóvenes. A partir de todas estas discusiones, ¿cómo ven los desafíos por venir?

FERNANDO GONZÁLEZ: Hemos tenido decenas de encuentros en provincias por toda Cuba, como la actividad en la que ustedes participaron en la Cujae, la principal universidad de ciencias y tecnología en La Habana. Siempre priorizamos el intercambio con los estudiantes y trabajadores jóvenes. Y realmente es un intercambio de ideas. Aprendemos de ellos.

Uno de los lugares que visité fue el Cabo de San Antonio, en la punta occidental del país. Me reuní con una unidad de tropas guardafronteras en un lugar remoto e inhóspito. Eran reclutas —10, 12 muchachos de 18 o 19 años de edad, con dos oficiales apenas unos años mayores que ellos. Estaban cumpliendo tareas difíciles: cuidar las costas y buscar a narcotraficantes. Es un ejemplo de los jóvenes con quienes tenemos encuentros.

Siempre entre las generaciones mayores están los que expresan: "La juventud de hoy está perdida". Cuando yo era joven recuerdo a personas que se quejaban: "¡Ay, la juventud de hoy!" Sí, siempre hay jóvenes que se peinan para el lado contrario o se pintan el pelo de un color diferente.

RAMÓN LABAÑINO: Y siempre los habrá.

FERNANDO GONZÁLEZ: Pero lo que percibo dondequiera que voy es una juventud que está en un proceso de formación a partir de sus experiencias. La educación nunca acaba.

RAMÓN LABAÑINO: En todos los lugares que hemos visitado, y no solamente aquí, nos preguntan sobre el futuro de Cuba, sobre las relaciones con Estados Unidos. Hay una preocupación constante.

Cada vez que tenemos encuentros con los jóvenes sentimos una responsabilidad enorme de comunicarnos con ellos, porque hay mucha expectativa.

"Hemos tenido encuentros por toda Cuba. Y realmente es un intercambio de ideas. Aprendemos de los demás".

—*Fernando González*

LISANDRA CARDOSO/RADIO ANGULO

Holguín: Ramón Labañino (3ro de la izq.) en fábrica de combinadas KTP, diciembre de 2015. "Debemos nuestra libertad a la solidaridad internacional y a hombres y mujeres como ustedes que batallaron incesantemente", dijo Labañino en un encuentro de obreros de esta fábrica y otra cercana.

RODNY ALCOLEA OLIVARES/TRABAJADORES

Guantánamo: René González con estudiantes y profesores en escuela de medicina, octubre de 2014. Lo bombardearon con preguntas: sobre sus experiencias como combatiente internacionalista en Angola en 1977–79, sus años en Miami vigilando grupos contrarrevolucionarios, lo que enfrentaron los Cinco en las prisiones estadounidenses.

"Le decimos al pueblo de estar preparado pero no tener miedo. Y empezamos con una gran virtud: una juventud y una población educada políticamente, lista para esos retos".
—*Ramón Labañino*

FOTOS DE LIXANDER CRUZ/ RADIO JUVENIL

Calixto García: Fernando González (camisa a cuadros) en pueblo rural en el este, diciembre de 2015. Agricultores que trabajan tierras antes ociosas le relataron sus esfuerzos para aumentar producción de alimentos.

RAMÓN FRONTERA

Pico Turquino: Los Cinco tras subir el pico más alto de Cuba, julio de 2015. "En los primeros días del 'hueco' nos dijimos que un día celebraríamos en el Turquino", dijo René González. "Cumplimos esa promesa". Invitaron a los independentistas puertorriqueños Malcolm Frontera (camisa oscura) y su padre Ramón Frontera (fotógrafo) en una muestra de apoyo a la lucha por la libertad de Oscar López.

La Habana: René González se dirige al congreso nacional de la Federación Estudiantil Universitaria, junio de 2013. "Tenemos que entender por qué es necesario que el capitalismo desaparezca como sistema", dijo a los estudiantes. Los instó a "salir de las aulas… No podemos olvidar que hay mucha juventud que no está en las aulas, pero que con sus manos produce las riquezas".

La Habana: Gerardo Hernández en actividad comunitaria en Arroyo Naranjo, donde creció, marzo de 2015. Al ser incorporados 55 jóvenes al Comité de Defensa de la Revolución, dijo: "No asuman este carné como mera formalidad, sino como un gran compromiso, porque la patria necesita de sus jóvenes hoy como nunca".

"¿Quién nos sacó del Período Especial? Hay que darle su mérito a la juventud: los que prestan servicios como médicos en otros países, que construyen hoteles aquí, que regresan a las zonas rurales a sembrar. Han defendido el socialismo bajo la dirección de la revolución". —*Antonio Guerrero*

FOTOS DE MIOZOTIS FABELO/RADIO REBELDE

Camagüey: Tony Guerrero (arriba, camisa blanca) con jóvenes en Universidad de Camagüey. Aprendió sobre proyectos de estudiantes de ingeniería para construir viviendas experimentales y (derecha) jugó simultánea de ajedrez con estudiantes.

ISMAEL FRANCISCO/CUBADEBATE

La Habana: Los Cinco al frente de movilización de un millón de trabajadores el Primero de Mayo. Por más que los medios capitalistas "quieran ocultar la realidad de Cuba, no pueden ocultar a millones de revolucionarios en la calle", dijo Gerardo Hernández.

El imperialismo norteamericano mantiene el objetivo de restaurar su dominio sobre Cuba. Esa es la realidad. No es por gusto que los primeros negocios que el gobierno norteamericano desea establecer aquí son las redes de telecomunicaciones. También vamos a ver empresas estadounidenses que tratarán de "comprar cerebros" aquí, como lo hacen en todo del mundo. Van a tratar de transformarnos en una economía capitalista. Es su objetivo.

El imperialismo norteamericano mantiene el objetivo de restaurar su dominio sobre Cuba. Quiere transformarnos en una economía capitalista.

Tenemos que enfrentarnos a estas nuevas relaciones con Estados Unidos con los ojos muy abiertos, y eso es lo que les explicamos a los jóvenes.

FERNANDO GONZÁLEZ: Sabemos cuáles son las intenciones de Estados Unidos. Obama dice que los resultados de la política estadounidense anterior fueron un fracaso. Por eso, como dijiste, el gobierno norteamericano va a usar nuevas tácticas contra nosotros. Sigue pensando en cómo asfixiar a Cuba.

Pero seguimos enfrentándolos. Obviamente los cubanos deseamos poder avanzar, tener una vida más holgada. Queremos relaciones con Estados Unidos, entre más respetuosas, mejor. Pero no nos olvidamos que, mientras ellos vienen con muchas sonrisas a las cumbres o a los cócteles de las embajadas, no han cambiado en su intención de arrancarnos la cabeza. Eso no ha cambiado.

Estamos en una batalla de ideas y la vamos a dar.

RAMÓN LABAÑINO: Sí, esa es nuestra lucha principal. Ayudar al pueblo a abrir los ojos. Decirle que debemos estar preparados pero no tener miedo. Y empezamos con una virtud grandísima: una juventud y una población educada políticamente, que está lista para esos retos.

Estamos viviendo momentos históricos en que tenemos que hacer cambios para asegurar nuestra propia sobrevivencia. Pero que nadie tenga dudas de que tenemos un pueblo digno que sabe defender su soberanía. Y que nosotros y nuestros dirigentes estamos preparados para enfrentar las adversidades de las difíciles luchas que se avecinan.

RENÉ GONZÁLEZ: La Cuba que encontramos a nuestro regreso ha tenido que adaptarse a un mundo capitalista, del cual por casi tres décadas habíamos podido mantenernos a distancia gracias a que existía un campo socialista. De pronto, en 1989, el país se vio en una situación nueva, como un barquito a la deriva en medio de una tempestad. Hemos tenido que dar algunos golpes de timón para seguir navegando sin perder el rumbo final, que es la construcción del socialismo.

Hemos tenido que hacer cosas que, por los valores en que fuimos educados, no nos agradan. Pero la historia es así. Nos permite dar unos pasos adelante, como decía Lenin, y después también nos hace tomar otros hacia atrás. Hemos resistido con bastante éxito desde la caída de la Unión Soviética.

Creo que los cambios que estamos haciendo son correctos. De nosotros depende el resultado. Se ha abierto una puerta con el comienzo de la normalización de las relaciones con el gobierno de Estados Unidos, pero eso también trae retos muy serios. Si logramos vencer estos desafíos, avanzaremos más rápido hacia el socialismo.

GERARDO HERNÁNDEZ: La Cuba de nuestro retorno es una Cuba diferente. Eso no me sorprendió porque nos mantuvimos bastante bien informados de lo que estaba pasando. Encontramos una Cuba con muchas cosas buenas y también algunos fenómenos negativos que no existían antes. Pero aún veo a un pueblo dispuesto a seguir luchando y a vencer los retos que nos imponen nuestros enemigos.

Hay quienes dicen que las actuales reformas económicas y sociales son un paso hacia el capitalismo. En algunos casos, lo dicen porque quieren que eso ocurra, en mi opinión.

FERNANDO GONZÁLEZ: Hay ciertos sectores de la izquierda que temen que vamos encaminados hacia la restauración del capitalismo. Creo que Abel Prieto respondió muy bien a esto a principios del año: "Marx nunca dijo que las gasolineras tienen que ser propiedad estatal". Son los medios de producción los que tienen que ser propiedad estatal. Eso es lo que decide quien está realmente en el poder.

RAMÓN LABAÑINO: Lo que estamos explicando acá es algo que también tiene que ser entendido por algunos compañeros de la izquierda. El otro día vi un titular en un periódico de la izquierda alemana advirtiéndonos: "Cuba, no confíes en Estados Unidos". La verdad es que ese ha sido nuestro lema por mucho tiempo. Fue el Che quien dijo: "¡No confiamos nunca en el imperialismo, ni un tantico así!"

RÓGER CALERO: Sí, vi un video en que Che hace ese gesto con los dedos cuando dice "ni un tantico *así*".

GERARDO HERNÁNDEZ: Nos estamos enfrentando a un mundo prácticamente nuevo, pero estoy convencido de que hay muchos cubanos que lucharán para nunca regresar a la Cuba anterior a 1959. Que lucharán contra la desigualdad abismal que existe en muchos países, donde los poderosos aplastan a los más necesitados.

Volver a la Cuba de antes sería negar toda nuestra historia y los sacrificios de tantos que han caído para que eso no ocurra.

El futuro de nuestra revolución, el futuro de nuestra patria, está en manos de los jóvenes con quienes hemos estado intercambiando a lo largo de estos meses desde nuestro regreso a Cuba. Hemos estado aprendiendo cuáles son sus inquietudes, cómo piensan, qué les preocupa.

Como decía Fernando, existe la tendencia entre algunos a pensar que la juventud de hoy está un poco descarrilada, un poco perdida. Hasta cierto grado eso se vive de generación en generación. Quizás se note más por los muchos desafíos que nuestro país enfrenta ahora.

Al comienzo de los años 90 no solo se derrumbó nuestro comercio y otras relaciones económicas con la Unión Soviética, sino que el gobierno norteamericano recrudeció el bloqueo. El Período Especial, que nuestro país atravesó durante esos años difíciles, tuvo un efecto negativo en cuanto a ciertos valores sociales; eso para nadie es un secreto. Pero también es cierto que hay muchos valores positivos en nuestros jóvenes. Me siento optimista porque los hemos llegado a conocer. El futuro de la revolución está garantizado.

Acabo de regresar de Camagüey, donde estuvimos conversando con unos muchachos que nos encontramos en la playa. Algunos con su pelo largo, no sé cuántos aretes en la nariz, en la oreja. Se acercaron a saludarnos. Cuando nos pusimos a conversar, resulta que entre ellos había vanguardias nacionales, dirigentes estudiantiles, militantes de la Unión de Jóvenes Comunistas, incluso militantes del partido.

Uno no puede dejarse llevar por la apariencia. Escuchamos muchísimas historias de jóvenes que han subido el Pico Turquino cinco, seis, siete veces, o que han dedicado sus vacaciones al trabajo voluntario.

Por nuestra parte, como soldados que somos, prácticamente no hemos descansado desde nuestro regreso. Supuestamente esta es una pequeña pausa hasta que se nos dé nuevas tareas que cumplir. Mientras tanto, hemos estado poniendo nuestro granito de arena para que nuestra revolución siga adelante.

ANTONIO GUERRERO: No debemos olvidar que la juventud de la que hablamos es la generación de nuestros hijos y la generación que viene ahí pegadita a los hijos nuestros. Yo me fui de Cuba en 1991, al comienzo de los peores años del Período Especial, cuando se estaban dando severos cambios en nuestra situación económica. Los estantes de las tiendas estaban vacíos; escaseaba la comida y la gasolina.

Entonces llegamos ahora en 2014 y vemos que las cosas son diferentes. Hoy vas a una tienda y sí, tienes que tener pesos convertibles, pero se están vendiendo productos. Hay pequeños restaurantes privados, los que llamamos paladares. Algunas personas han salido de Cuba para ir aquí o allá. La situación ya no es ni remotamente la de la primera mitad de los años 90. Vivimos en un mundo que cambió y nos hizo dar un giro.

La pregunta que yo me hago al valorar a la juventud hoy día es sencilla: ¿Quién creó todo lo que tenemos hoy para salir del bache? Hay que darle su mérito a esta juventud que atravesó ese período. Tenemos que darle su mérito por lo que ha construido.

¿Dónde están trabajando hoy? ¿En cuántos países tenemos jóvenes médicos y maestros prestando servicios? ¿Quién está produciendo todas las medicinas, construyendo todos los hoteles aquí? ¿Quién está regresando hoy a las zonas rurales a sembrar? Hay que reconocer que la juventud en Cuba ha sido capaz de hacer todas estas cosas, de haber llegado hasta aquí defendiendo la revolución.

¿Y bajo qué dirección? Bajo la dirección histórica de la revolución, defendiendo el socialismo.

El imperio quiere imponer un cambio en nuestro sistema político y nuestros valores. A veces tratan de hacerlo muy sutilmente. Pero nuestra ideología revolucionaria llama al sacrificio. No es una consigna. Es lo que dijimos en el encuentro con los estudiantes de la Cujae. Es un concepto real.

Pero claramente, como decía Fernando, vivimos tiempos distintos. Todas las cosas materiales, la internet. Lo percibimos en nuestros hijos. Influye en nosotros mismos. Para ser revolucionario hay que poner esas cosas en una balanza y estar dispuesto a hacer una cuota de sacrificio. Hasta el día de hoy, muchos de los jóvenes cubanos aún tienen esos valores.

Los problemas que enfrentan los jóvenes de otros países, que hemos visto en nuestros recorridos internacionales, son muy diferentes de los que encaran los jóvenes cubanos. Nuestra lucha revolucionaria ha resuelto un millón de problemas que todavía enfrenta la juventud en otros países.

El desafío que tiene la juventud —y tenemos todos nosotros— en Cuba es ayudar a desarrollar los valores de la lucha más grande que tiene la humanidad: la lucha contra el egoísmo. De eso se trata la batalla de ideas. Necesitamos explicar las cosas de manera que, cuando hablemos con alguien, pueda valorar: "Bueno, ese dijo solo unas palabras, pero lo dijo haciendo y lo sigue haciendo".

Por eso el ejemplo de Fidel ha sido imperecedero: ha sido consecuente.

Quiero tocar el tema de Guantánamo. Mary-Alice mencionó que hace más de un siglo nos quitaron territorio cubano. El tratado, que estableció una base carbonera y naval en la Bahía de Guantánamo, lo firmó un presidente cubano que había sido impuesto por el gobierno norteamericano. Ese acuerdo supuestamente era válido solo si las dos partes estaban de acuerdo. La posición de Cuba ha sido clara por muchas décadas: nos oponemos a la ocupación estadounidense de nuestro territorio soberano.

Ahora hay que ver otra cosa más: la prisión que Washington implantó ahí en enero de 2002. A los cubanos nos indigna que algo tan terrible —tan horrendo que no sé ni qué nombre ponerle— esté pasando en territorio nuestro. Piensa en esos seres humanos que han estado allí presos año tras año, sin un juicio siquiera.

A veces a uno le parece que su propia historia es la más dura. Pero después te das cuenta que no. Tu historia no es nada si la comparas con lo que han vivido otros seres humanos.

Tienes que sentir la injusticia en tus huesos en cualquier lugar que se cometa, como decía el Che. Eso es lo que representa Guantánamo: el eslabón más injusto del sistema de "justicia" imperial.

RAMÓN LABAÑINO: Yo quería decir algo para culminar. Debemos darle una felicitación al pueblo cubano porque Cuba no ha cedido un ápice en nuestros principios revolucionarios. Ha sido el gobierno de Estados Unidos el que ha tenido que decir: "Vamos a cambiar nuestros métodos, porque no han funcionado".

Debemos sentirnos orgullosos y optimistas porque logramos una victoria moral. La ganamos con resistencia, sacrificio y fidelidad.

Fidel nos enseñó el camino y lo hemos defendido con nuestra sangre y con las armas en la mano. Y ese es el camino que seguimos defendiendo.

Ocuparemos una trinchera y seremos juzgados por nuestro trabajo

Vivíamos en un micromundo del mundo exterior

GERARDO HERNÁNDEZ

La siguiente entrevista, realizada por los periodistas cubanos Yosbel Bullaín Viltres y Yuliat Danay Acosta, apareció en la publicación digital *Cubadebate*. Se publicó el 26 de julio de 2015, aniversario de los históricos asaltos en 1953, dirigidos por Fidel Castro, contra los cuarteles de la dictadura en Santiago de Cuba y Bayamo. Fue la primera batalla de la lucha revolucionaria en Cuba que cinco años y medio más tarde, el 1 de enero de 1959, derrocó a la tiranía apoyada por Washington de Fulgencio Batista.

∎

Para Gerardo Hernández la paz tiene un significado vital. Solo quien ha tenido que prescindir de la luz natural y de la emoción al contacto con lo querido, por arriesgarse a defender la vida al punto de comprometer la suya propia, reconoce el valor de la tranquilidad ciudadana.

Este domingo Gerardo vivirá por segunda vez una primera vez. Después de más de 16 años de condena, vuelve a celebrar un 26 de julio junto a los suyos. Pero los recuerdos quedan intactos en la memoria como un álbum de fotos cronológico. No se puede borrar lo vivido.

Sobre simbolismo personal con que los Cinco celebraban desde la distancia física las fechas patrias de Cuba y de cómo aun en la cárcel los residentes en Estados Unidos no escapan a la manipulación mediática que sufre Cuba en fechas históricas para la revolución como el 26 de julio y sobre sus motivos para defender sus ideas, conversa con Cubadebate *a nombre de los Cinco, Gerardo Hernández.*

Además del castigo normal que significaba la prisión, teníamos determinados castigos adicionales y uno de ellos era que si queríamos ver televisión en algún momento, teníamos que padecer de la misma propaganda a la que está sometido todo el mundo en Estados Unidos. Por ejemplo, el 20 de mayo, en Univisión particularmente, transmitían ¡Felicidades a Cuba por el día de la independencia!* Y había veces que los presos que escuchaban eso se viraban y me decían: "¡Oye, Cuba, felicidades!"

Y yo les decía: "¡A mí no me felicites hoy, que yo no celebro todavía!"

"¿Pero por qué?"

Y tenía que empezar a explicarles: "¡No, a mí me felicitas el primero de enero!"

---

* Los opositores de la revolución de 1959 celebran el 20 de mayo de 1902 como día de la independencia cubana. Fue la fecha en que el primer presidente electo asumió su cargo en Cuba. Sin embargo, cuatro años antes, tropas norteamericanas habían invadido Cuba. Las fuerzas armadas españolas, a punto de ser derrotadas por los combatientes libertadores cubanos, se rindieron al ejército estadounidense en julio de 1898. Washington implantó una ocupación militar de la isla y en 1901 impuso la llamada Enmienda Platt a la constitución de Cuba, la cual afirmaba que el gobierno norteamericano tenía el "derecho a intervenir" libremente en Cuba. La declaración de "independencia" formal en 1902 ocultaba así la realidad de la dominación imperialista norteamericana, incluido el "tratado" de 1903 que santificaba la usurpación del territorio cubano en la Bahía de Guantánamo —uno de los mejores puertos naturales en el mundo— para una base naval estadounidense.

Eran situaciones propicias para darles una clase de historia, porque ellos me felicitaban de buena voluntad. Eso sucedía constantemente: "¡Felicidades, Cuba! ¡Felicidades!"

El 26 de julio, por supuesto, en la gran mayoría de los canales ni mención se hacía, aunque sí hubo oportunidades que en algunos canales en inglés, sobre todo cuando había un acto masivo, se hacía referencia a la fecha y explicaban un poquito a grandes rasgos. Yo siempre me enganchaba mi banderita, que ahí la tengo porque la pude recuperar.

Aunque muchas veces la tenía puesta sin celebrarse ninguna fecha, en las célebres, las fechas conmemorativas nuestras, siempre la lucía y había gente que lo notaba y me decía: "¡Oye Cuba, estás de gala hoy!"

"No, es que hoy es un día importante", les explicaba. Así sucedía el primero de enero, el cumpleaños de Fidel, el 26 de julio, las fechas nuestras. Esa era la manera de conmemorarlas porque no podía hacer otra cosa. Aunque sí, estos incidentes nos dieron la oportunidad para educar a muchas personas sobre este tipo de cuestiones.

Después, con los años, la gente que llevaba mucho tiempo con uno, sabe. Y bueno, de más está decirte que lo mismo sucedía con el caso de los Cinco. Nosotros siempre poníamos de ejemplo el caso nuestro cuando conversábamos con los otros presos.

También se daba el hecho de que te pintan a la Cuba prerrevolucionaria como el paraíso terrenal. Yo siempre les hacía esta anécdota: Aún estando en la calle, escuchaba la radio de Miami para monitorear Radio Mambí. Un día, después de una llamada de esas, hay una señora que llama y dice:

"¡Ay Martha, esos comunistas que entran aquí a decir que...! ¡Eso es mentira, Martha! Porque yo me acuerdo que nosotros teníamos el yate, Martha, y vivíamos en Miramar y entonces bajábamos y cogíamos el yate y salíamos a pasear las tardes

Enero de 1959. Página de *Bohemia*, semanario cubano de amplia difusión, ilustra instrumentos de tortura encontrados en una estación de policía cuando fue derrocada la dictadura militar.

Cuando otros reclusos preguntaban por qué oficiales de la dictadura de Batista fueron juzgados y algunos fueron ejecutados en los meses después del triunfo, "yo les explicaba lo que encontraron en las estaciones de policía después de la revolución: todos los aparatos de torturar, de sacar ojos".

—*Gerardo Hernández*

lindas de Cuba. Y eso de que tú caías preso y te torturaban, ¡mentira Martha!, porque si tú conocías a alguien en el gobierno, te sacaba, Martha".

Y yo me decía: "¡Qué cosa más increíble que esta mujer dice!"

Cuando ya tenían confianza contigo te preguntaban: "¿Esto era así, que fusilaban gente?"

Tenía que explicarles lo que encontraron en las estaciones de policía después de la revolución cuando hallaron todos los aparatos de torturar, de sacar ojos.

¡En la mente de nadie cabe que se puedan hacer ese tipo de cosas y menos a los cubanos! En la mente de un muchacho eso no es fácil, necesitas procesarlo. Y aquellas *Bohemias* con aquellas imágenes, de jóvenes asesinados, torturados, que tiraban por el laguito con un niple en el pecho y la dictadura decía que eran terroristas, ¡eso a mí me marcó!

Cuando llegas allá y te ponen las imágenes de fusilados tras el derrocamiento de la dictadura y te hablan de los fusilados de Castro, de los fusilados del Che, te reiteran una imagen muy famosa de Cornelio Rojas, creo que era el jefe de la policía en Santa Clara. Cuando lo fusilan, me acuerdo del tipo con un traje blanco. La revista *Bohemia* decía que sus últimas palabras habían sido: "¡Bueno, ya llegaron hasta aquí, muchachos. Sigan pa'lante con esta revolución!"

¡Y el tipo era tronco de asesino!

Entonces ellos ponen la imagen esa cuando lo fusilan, el tipo cae para la fosa, y te ponen una imagen de los "fusilados de Castro", pero nunca te dicen quién era realmente ese hombre. Entonces cuando te ponían un documental de este tipo, yo les decía a los muchachos: "Sí, lo fusilaron, pero ¿quien era realmente ese hombre?" Y entonces yo me ponía a hacerles el cuento de todos los aparatos de torturas que se encontraron en las estaciones de policías.

Después, cuando nos llegó de Cuba el libro de los artistas que tiene diferentes obras sobre nuestro caso, *Desde la soledad y la esperanza*, ahí hay una parte donde salen imágenes de *Bohemia* que mostraban esos mismos aparatos de sacar las uñas o los ojos, y yo les decía: "¡Miren, ese era el paraíso que querían hacer ver que Cuba era antes!"

El último compañero de celda que tuve fue un muchacho de 24 años que cumplía dos cadenas perpetuas.

Creo que eso es algo en lo que nosotros tenemos que insistir, porque ahora mismo hablo con mis sobrinos, por ejemplo, y esas imágenes no las conocen. Y es algo en lo que nosotros tenemos que seguir insistiendo para que la gente sepa qué era lo que ocurría aquí en realidad. Aunque hoy está de moda ponerte los carros de los 50, la arquitectura de los 50, la música de los 50, no se habla de eso otro que ocurría aquí. Tenemos que estar constantemente recordándoselo a los muchachos jóvenes, porque si dejamos que ganen la batalla los que te quieren pintar aquellos años como la época dorada en Cuba, estaremos muy mal.

Por ejemplo, donde hice el preuniversitario, en la antigua 14 estación de policía, estoy seguro que muchos muchachos de los que estudian hoy ahí, no tienen claro qué pasaba ahí antes, a cuántos jóvenes torturaron ahí en el sótano donde se da educación laboral. Hay que estar constantemente haciendo hincapié en eso, porque de lo contrario es una escuela más, una edificación más. Pero cada lugar tiene su historia.

¿Cuántas veces no pasamos por al lado de un tarja y nadie

se detiene a mirarla? Y en esa misma esquina, en ese mismo lugar, pueden haber asesinado, por ejemplo, a un estudiante a balazos y la gente pasa por ahí como si nada. Pero eso pasa porque nacimos en un país tranquilo, en un país donde este tipo de crímenes no ocurren.

Nosotros estos 16 años lo pasamos con jóvenes mexicanos, salvadoreños, hondureños, jóvenes estadounidenses, oyendo sus historias. El último compañero que yo tuve, con 24 años, tiene dos cadenas perpetuas.

Él me decía: "Cuba, lo que pasa es que yo me he criado en este ambiente. Mi padre tuvo que meterse en pandillas para poder mantener a mi familia, y entonces yo crecí viendo eso. Una vez llegaron unas camionetas a mi casa buscando a mi papá y él se escondió. Cogieron a mi tío, se lo llevaron y al otro día cuando amaneció estaba muerto".

"Y eso dividió a mi familia para siempre, porque mi abuela nunca perdonó a mi papá, porque dice que por su culpa mataron a mi tío.

"Pero es así", me dijo. "En esa ciudad cuando tú sales con tu novia, tienes que hacerlo con tremendo cuidado, porque pasas por el lugar equivocado y viene alguien y te dice 'Esa muchacha me gusta' y te la arrebata de las manos y nunca más la ves".

Recuerdo que la primera vez que me hizo esta historia, yo de ingenuo le pregunté: "¿Pero ustedes no pueden denunciar a esa gente con la policía?"

Y él, después de reírse por mi pregunta, me contestó: "La policía trabaja para ellos".

Eso es un caso de un país latinoamericano, pero en Estados Unidos es igual. Mi prisión era la prisión de máxima seguridad más cercana a Los Ángeles. La crema y nata de las pandillas de Los Ángeles iba para ahí. Eran los compañeros de cuarto de uno, y las historias son... Ellos decían: Están los pandilleros de la Avenida 37, la ganga de la 37, la 41, los locos de no sé dónde. Si cruzas para un lado de esos y no eres de esa zona, te caen a tiros.

Desde que nacen es en ese ambiente. A veces yo me ponía a conversar con ellos y me preguntaba qué factores llevaban a un muchacho de 24 años a una prisión de máxima seguridad cumpliendo dos cadenas perpetuas.

Aquí un niño puede jugar en la esquina de su casa hasta de madrugada y no le pasa nada.

Me decían: "Mira, Cuba, el problema es que cuando entras a la primaria aquí, tienes dos opciones: o eres pandillero o eres abusado por las pandillas, y entonces es preferible ser pandillero antes de ser abusado. Y después que te metes en ese mundo, un día te ponen una pistola en la mano y te dicen que hay que matar a aquel que está allá. Y tienes que ir a hacerlo porque si no, te los dan a ti".

Nosotros cuando hablamos de los logros de la revolución, internacionalmente se reconoce la salud, la educación. Pero a veces se habla poco de la tranquilidad ciudadana, la seguridad que tenemos nosotros aquí, que un niño puede estar jugando hasta de madrugada en la esquina de su casa y no le pasa nada. Y cualquier turista se puede meter en el barrio más malo que haya, que lo más que le puede pasar es que le arrebaten una cadena o le saquen una cuchilla y le digan "Dame el dinero". Eso en el peor de los casos. ¡Pero en cualquier país de esos, en pleno día una bala perdida puede matar a cualquiera!

UN MICROMUNDO DEL MUNDO EXTERIOR

Nosotros en la prisión teníamos un micromundo. Tú entrabas al comedor y las mesas de los afroamericanos estaban a un lado, las de ciertos hispanos para otro, y cuidado con equivocarte y sentarte en una mesa que no es la que te corresponde, porque te podías buscar un problema. En el patio también era así. Y eso es un reflejo de la misma sociedad: el barrio de los negros, el barrio de los blancos.

Tenemos el tremendísimo privilegio, con todos los problemas que tengamos en Cuba, de que nuestra sociedad no padece todavía de esos males, y ojalá que no los padezca nunca. Y tenemos que hacer lo que sea necesario para que eso nunca llegue aquí. Pero también tenemos que educar a los jóvenes, que ellos sepan que gozamos de ese privilegio, porque ellos nacieron con eso y la mayoría no conoce lo otro. Y lo dan por sentado y creen que así es en todo el mundo, y no lo valoran. Por eso es que hay que estar educando constantemente.

En ese sentido la prisión fue para nosotros una tremenda escuela también, porque como decía, vivíamos en un micromundo del mundo exterior y conocimos problemas de muchísimos lugares que desgraciadamente son comunes en muchos países.

Somos víctimas de los grandes medios y la gran maquinaria de publicidad que tiene el imperio para resaltar lo que les conviene resaltar: la bobería, la banalidad... Y es un bombardeo constante las 24 horas, y desgraciadamente hay gente que se piensa que eso es todo. Que el capitalismo es una casa con piscina, dos carros. Y Haití no es capitalismo, y Centroamérica no es capitalismo. Y los barrios pobres de Estados Unidos, eso no es capitalismo. ¡Capitalismo es lo que les conviene a ellos enseñar!

La batalla ideológica es una gran batalla que tenemos que hacer con los jóvenes. Tenemos que librar esa batalla. Si lo hemos hecho en otras cosas, cómo no lo vamos a lograr en el plano ideológico que es super-importante. Mucho más ahora, porque la parte buena es que posiblemente se nos llene esto de turistas, pero la parte mala es que también se nos llene de publicistas de lo que es aquello allá, o de lo que quieren enseñar que es aquello.

Esta fecha conmemorativa, el 26 de julio, para nuestro pueblo marca nuestra contienda victoriosa que culminó con el tremendo triunfo de 1959. Estamos viviendo la experiencia de que adonde quiera que vamos, caminamos por nuestras calles, vamos a nuestros centros de educación. Y hay algo que se vuelve habitual, y es que nuestros compatriotas nos dicen: gracias a los Cinco, gracias por lo que hicieron por Cuba. Pero nosotros también estamos conscientes de que tenemos que agradecer.

Pienso que detrás de esta victoria hay muchas heroínas y muchos héroes anónimos que no tienen horario de trabajo: mañana, tarde, noche, madrugada muchas veces, o muchas horas de desvelo. Y aportaron sus esfuerzos para que hoy los Cinco puedan estar disfrutando aquí junto a nuestro pueblo y viviendo estos momentos de felicidad.

Ninguna batalla librada por revolucionarios termina con lo que alguna vez hiciste

ANTONIO GUERRERO, RENÉ GONZÁLEZ,
FERNANDO GONZÁLEZ

Gerardo, Ramón, Antonio, Fernando y René han atravesado Cuba de punta a punta muchas veces desde diciembre de 2014, intercambiando criterios casi a diario con grupos de cubanos en escuelas y fábricas, centros militares, prisiones y vecindarios. Uno de esos muchos encuentros tuvo lugar el 19 de febrero de 2015 en la principal universidad de ingeniería y ciencias de La Habana, la Ciudad Universitaria José Antonio Echeverría, conocida popularmente como la Cujae. Allí Antonio, René y Fernando sostuvieron un animado encuentro con 300 estudiantes, docentes y trabajadores.

El evento, realizado mientras se celebraba la anual Feria Internacional del Libro de La Habana, incluyó una presentación de *Absueltos por la solidaridad* de Antonio Guerrero. Este libro, publicado por la editorial Pathfinder, contiene reproducciones de 16 acuarelas que Guerrero pintó en 2014 estando recluido en la prisión federal de Marianna, Florida. Las obras ilustran el juicio amañado que Washington orquestó contra los Cinco.

La tribuna también la compartieron Mary-Alice Waters, editora de *Absueltos por la solidaridad*; Alicia Alonso, rectora de la Cujae; y el profesor Julián Gutiérrez, organizador del evento, que fue colofón de muchos años de actividades mensuales en la Cujae durante la campaña por la libertad de los Cinco.

Waters enfocó sus palabras en el impacto que ha tenido el li-

RON POULSEN/MILITANTE

MARTÍN KOPPEL/MILITANTE

Los Cinco intercambian con estudiantes en la Cujae, principal universidad de ciencias e ingeniería en La Habana, 19 de febrero de 2015. En la tribuna, desde la derecha: Fernando González, Antonio Guerrero, René González, el profesor Julián Gutiérrez, la rectora Alicia Alonso y Mary-Alice Waters, editora de *Absueltos por la solidaridad*.

"El trasfondo de todo lo que pasó no es la figura de nosotros como individuos, sino el pueblo de Cuba que representamos".
—*Antonio Guerrero*

bro en Estados Unidos y el ejemplo que los Cinco han ofrecido a millones de personas en el mundo que se ven incorporadas a luchas por las consecuencias de las crecientes crisis del capitalismo. Después de las palabras iniciales de Guerrero, él y sus dos compañeros de lucha respondieron a las preguntas e intercambiaron opiniones con el público durante más de dos horas.

■

Palabras iniciales de Antonio Guerrero

Es un gran honor estar aquí y ver a los jóvenes, los profesores, los trabajadores. Después, cuando vengan las preguntas, les toca hablar a Fernando y a René.

Primero, queremos agradecerles a los compañeros de Pathfinder, del Partido Socialista de los Trabajadores, quienes día a día defienden el socialismo dentro de Estados Unidos. Tuvimos el honor de conocer a estos compañeros durante nuestros años de prisión, desde que se hizo pública nuestra situación en 2001 y empezamos a establecer comunicación.

Para nosotros los cubanos es fácil concluir que el socialismo es la única vía por la que podemos crear un mundo mejor. Solamente en una sociedad con una mentalidad distinta —como la que hemos construido con tremendo sacrificio— se puede aspirar a que el mundo sobreviva las situaciones que estamos viviendo, como Fidel más de una vez nos ha alertado. En Estados Unidos es difícil hacer conciencia sobre eso. Es más fácil aquí en Cuba: por nuestra historia, por la revolución y la grandeza de esta obra, que por supuesto no es perfecta. Tenemos muchísimas cosas que aprender, corregir, cambiar. Pero cambiar desde adentro de nuestras propias condiciones, de nuestras propias ideas.

Cuando conocí a estos compañeros en persona hace unos días, me parecía que los conocía desde un montón de años ya. Ellos nos brindaron apoyo desde aquellos primeros momentos en prisión. Nos enviaron revistas, libros y periódicos constantemente, en español e inglés. Eso nos sirvió para establecer muchas relaciones con personas dentro de las prisiones. Empezamos a ganarnos la admiración de otros presos por el apoyo que recibíamos de afuera. Esos libros que ellos nos daban, los pasábamos a la gente, y otros presos decían: "Esto es una cosa interesante".

Gracias a la preparación que nos dio nuestro país, podíamos sentarnos a discutir abiertamente con cualquier persona sobre cualquier tema. Era frecuente que me preguntaran: "¿Qué cosa es el comunismo, qué cosa es el socialismo?" Eso para nosotros es fácil de explicar. Pero además, teníamos un arma muy importante: estos libros. También nos enviaban un periódico que se llama el *Militante*, que viene en ambos idiomas. Otros presos también se interesaban por leerlo.

Empezamos a hacer algunas tareas en conjunto con estos compañeros. Ellos se interesaban por demostrar la parte humana de los Cinco, como aspecto importante para denunciar la injusticia contra nosotros. Uno de los proyectos más grandes que realizamos fue el libro anterior *Yo me muero como viví* con las 15 acuarelas, que representa las condiciones que enfrentamos durante nuestros primeros 17 meses en el "hueco" en el Centro Federal de Detención en Miami.

Estos compañeros —que no son muchos, son gente sencilla, pero son aguerridos con sus medios— llevaron exhibiciones de estas acuarelas hasta lugares donde menos pudieran imaginarse. Entonces nos escribieron estudiantes, niños, jóvenes de todo Estados Unidos y otros países. Me acuerdo que cuando llegaba el *Militante* cada semana, ellos ponían la lista de las exposiciones. Decía: *Yo me muero como viví* será mostrada en esta y esta ciudad. Y la semana que viene, yo leía: Ya la tenemos aquí, aquí y aquí.

De Nueva Zelanda unos estudiantes de secundaria me mandaron unas hermosas cartas y fotos. Eso también era por el trabajo de ellos.

Estas exposiciones de las acuarelas sobre el "hueco" se convirtieron en un arma bastante efectiva. Las pinturas te llaman, quedan en la mente. Abajo de cada imagen siempre había algo que la explicaba.

Entonces, después que pusieron esta exhibición hasta en Miami, decidí pintar unas nuevas acuarelas. Me vi un poco apretado de tiempo. Presentar el tema del juicio era más complejo. Pero para el 12 de septiembre ya tenían en sus manos las 16 acuarelas, *Absueltos por la solidaridad*, y se expusieron en Washington.

Los compañeros de Pathfinder me escribieron una carta y me enviaron una maqueta de lo que iba a ser un nuevo libro con estas acuarelas. Tenían planificado publicarlo para el 1 de enero. Ya estaba anunciado en el *Militante*, su periódico. Y de repente, el 17 de diciembre, nosotros tres estábamos de regreso aquí.

Llevábamos aquí dos meses y algo, y estábamos en actividades, actividades, actividades; yo ni siquiera tenía tiempo para preguntar qué había pasado con el libro de las acuarelas. Y hace unas semanas, me llama un compañero del Ministerio de Relaciones Exteriores y me dice: "Tengo una cosa para ti que te trajo nuestro embajador ante Naciones Unidas. Te la mandan los compañeros de Pathfinder". Era este libro.

No sé como describir la emoción. En ese corto tiempo ellos habían actualizado el libro. Y pueden ver la calidad que tiene, con imágenes del regreso nuestro y otros materiales escritos por mis hermanos. Todo esto da una claridad de lo que es el título de ese libro, *Absueltos por la solidaridad*. La solidaridad, la victoria que se logró gracias al jurado de millones.

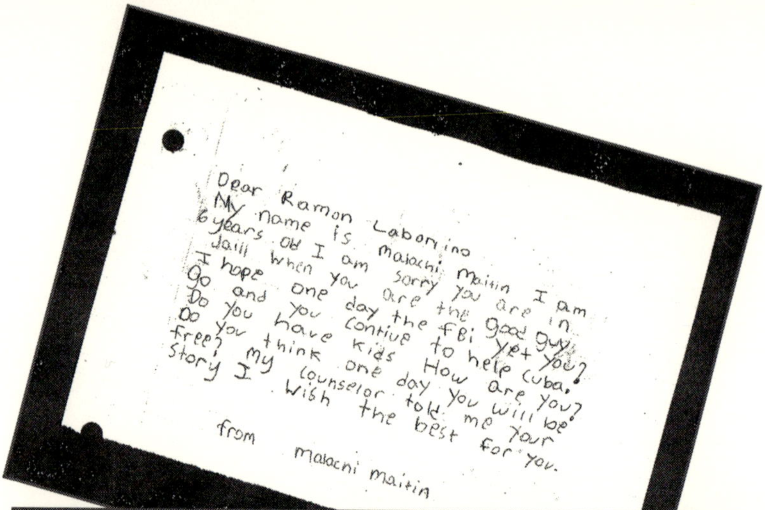

Dear Ramon Labonino
My name is Malachi Maitin. I am 6 years old. I am sorry you are in Jail when you are the good guy. I hope one day the FBI go and you contive to help cuba. Do you have kids yet? How are you? Do you think one day you will be free? My counselor told me your story. I wish the best for you.

from Malachi Maitin

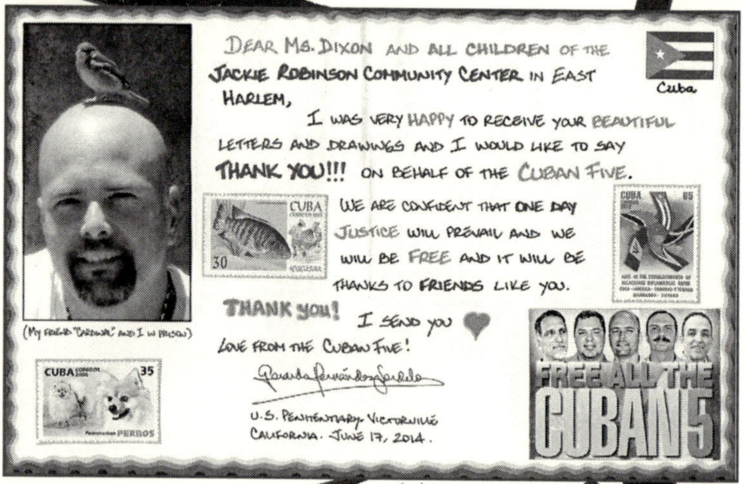

(MY FRIEND "CARDINAL" AND I IN PRISON)

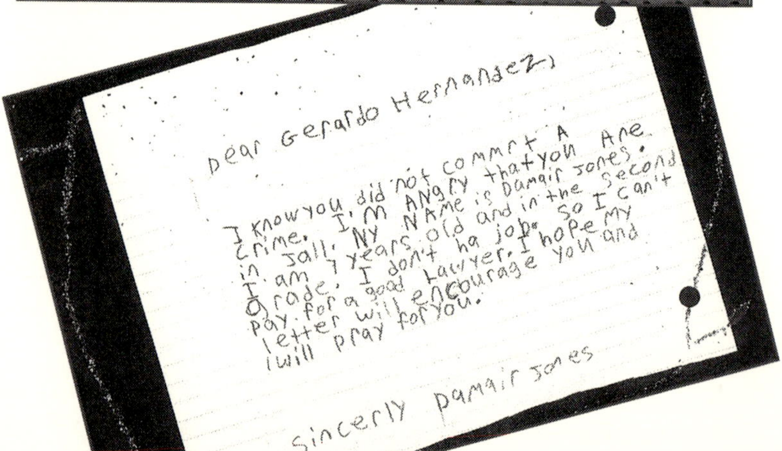

DEAR MS. DIXON AND ALL CHILDREN OF THE JACKIE ROBINSON COMMUNITY CENTER IN EAST HARLEM,
        I WAS VERY HAPPY TO RECEIVE YOUR BEAUTIFUL LETTERS AND DRAWINGS AND I WOULD LIKE TO SAY THANK YOU!!! ON BEHALF OF THE CUBAN FIVE. WE ARE CONFIDENT THAT ONE DAY JUSTICE WILL PREVAIL AND WE WILL BE FREE AND IT WILL BE THANKS TO FRIENDS LIKE YOU.

THANK YOU!   I SEND YOU ♥
LOVE FROM THE CUBAN FIVE!
Gerardo Fernandez Guededo
U.S. PENITENTIARY VICTORVILLE
CALIFORNIA. JUNE 17, 2014.

FREE ALL THE CUBAN 5

Dear Gerardo Hernandez,

I know you did not commrt A crime. I'M angry that you are in Jail. My name is Damair Jones. I am 7 years old and in the second grade. I don't ha job, so I can't pay for a good Lawyer. I hope my letter will encourage you and I will pray for you.

Sincerly Damair Jones

SARA LOBMAN/MILITANTE

Arriba: Harlem, Nueva York, mayo de 2014. Muestra de cartas escritas a los Cinco Cubanos por niños de primaria en el Centro Comunitario Jackie Robinson, junto con exposición de las 15 acuarelas de Antonio Guerrero, *Yo me muero como viví*. Los mensajes de los niños expresaban su solidaridad y un conocimiento más allá de su edad.

Página opuesta: Malachi Maitin le escribe a Ramón Labañino: "Tengo seis años. Lamento mucho que estés preso cuando tú eres de los buenos. Espero que un día el FBI te ponga en libertad y puedas continuar ayudando a Cuba".

Mensaje de Damair Jones a Gerardo Hernández: "Yo sé que no cometiste un crimen. Me da mucha rabia que estés en la cárcel. Tengo siete años y estoy en el segundo grado. No tengo trabajo, así que no puedo pagar por un buen abogado. Espero que mi carta te anime y voy a orar por ti".

En su agradecimiento a nombre de los Cinco, Hernández responde a los niños: "Estamos seguros que un día triunfará la justicia y estaremos libres, y será gracias a amigos como ustedes".

La batalla no termina aquí. Ninguna batalla librada por revolucionarios termina con algo que tú hiciste. Lo que hiciste, ya lo hiciste. ¿Vas a vivir de lo que hiciste? No, tienes que vivir de lo que haces cada día.

En la medida que sean menos egoístas van a ser más felices. Serán mejores revolucionarios, mejores hombres y mujeres.

Todos los días hay que pensar en las tareas, en el deber que tenemos. En el futuro: el futuro de la revolución. El futuro de ustedes no está solamente en que estudien, saquen sus exámenes y le digan a la gente: "Mira, aquí tengo un título de que soy ingeniero". Está en comprender qué representa ese título y lo que ustedes tienen hoy.

Cuando yo era estudiante como ustedes —yo estudié en la Unión Soviética— siempre decía: "Todo esto que yo tengo se lo debo a la revolución". Y creo nunca me he equivocado en ese pensamiento.

Los tiempos han cambiado. Alguna gente en nuestro país ha comenzado a pensar primero en sí misma. No estoy hablando de ustedes, sino en sentido general. El egoísmo ha salido a relucir. Y yo solo les digo una cosa: en la medida que sean menos egoístas, van a ser más felices. Van a ser mejores revolucionarios, mejores hombres y mujeres. [*Aplausos*]

De las preguntas y respuestas

PREGUNTA: ¿Podrías explicar cómo se puede ser más feliz siendo menos egoísta?

ANTONIO: Cuando se habla de altruismo, el primero en quien pienso es Carlos Manuel de Céspedes.* Pienso en la gente que pudiera haberlo tenido todo y lo dejó todo —hasta la vida— por algo que tiene más valor que las cosas materiales. Es algo que uno tiene que interiorizar. Cuando nos arrestaron, yo pensaba mucho en [el héroe nacional cubano José] Martí y el Che [Guevara]. Todo el mundo sabe que Martí podría haber sido lo que él quisiera. Y el Che también: era médico, ¿no? Entonces te empiezas a nutrir de estas cosas.

¿Por qué mantuvimos la felicidad en la prisión? Miren, todos los días cuando te levantas es un momento crítico en tu vida, una nueva oportunidad. Pero hay momentos que son más críticos, que te definen. Mientras más vayas por el camino correcto cada día, y te levantes sintiéndote útil y con las ideas claras, cuando llegue ese momento decisivo, estarás mejor preparado.

La única manera de estar preparado es haber interiorizado ese sentido de utilidad, esos ejemplos, ese altruismo. Tiene que ir más allá de un lema o de algo que leíste. Está ya dentro de ti. Y te deja poner la cabeza en la almohada y dormir tranquilo contigo mismo.

Vamos a poner el ejemplo de la situación en la que nos encontramos cuando nos arrestaron en 1998. Te ponen delante un tipo que te está pidiendo reconocer una cosa que no hiciste. Te dice que si "cooperas", tienes la opción de volver a tener todas las cosas materiales que tenías, de no perder tu vida normal.

Si no, te dice el hombre, "te vamos a dar una sentencia tan larga que te vas a morir en la cárcel".

* El 10 de octubre de 1868, Carlos Manuel de Céspedes, un rico hacendado cubano, liberó a sus esclavos y dio inicio a la primera guerra cubana de independencia contra España.

Entonces tienes que estar preparado. Tienes que haber formado ya dentro de ti ese ser que sabe lo que debe hacer en ese momento determinado. Una vez que pasas la prueba y dices no, te empiezas a dar cuenta que eres más feliz que los que te rodean. La gente te ve y dice: "Oye, ¿por qué tú todos los días te ríes? ¿Por qué estás tan feliz?"

Algunos de los presos habían vendido drogas y con el dinero habían podido tener el carro del año y otras cosas. Ahora sufrían porque ya no tenían todo aquello. A algunos les habían puesto sentencias de cinco o 10 años —menos que a nosotros— y no lo podían soportar. Cuando salían para la calle volvían a hacer lo mismo: un círculo vicioso. Pero uno tiene la mejor opción de ser altruista y sentirse feliz.

Hoy tú puedes tener esas cositas, como ese abrigo bonito. Pero mañana, a lo mejor, ya no lo puedes tener.

Cuando empezó el Período Especial, Fidel dijo a las mujeres algo que no se nos olvida: "Mírense esa ropa que tienen, porque con esa van a tener que echar unos cuantos años". Eso le dijo al pueblo, ¿no es verdad?

Y hubo algunos que dijeron: "No, yo voy a buscar allá al Norte, como quiera que sea, una ropa nueva". ¿A cambio de qué?

FERNANDO: Yo me voy a atrever a decir unas palabras sobre este tema. Comparto lo que dice Tony. Los seres humanos evolucionamos del reino animal y tenemos dentro de nosotros ese instinto de la lucha por la subsistencia. Pero nos desprendemos del resto del reino animal. Somos animales conscientes, aunque ese instinto egoísta está en nosotros.

La humanidad ha atravesado diferentes sistemas económicos. El capitalismo, que hoy predomina, es un sistema que busca incentivar el egoísmo en nosotros.

En cambio, el socialismo triunfará en la medida que sea capaz de generar una cultura diferente, incluso, poder entregarse a algo más grande que uno mismo. Aun en respeto a la individualidad, lo más importante, como decía José Martí, es hacer algo por la sociedad, por la humanidad.

RENÉ: Nosotros tuvimos momentos muy críticos, como fue la mañana del 12 de septiembre de 1998. Cada uno de nosotros había desarrollado su tipo de vida. Contábamos con nuestros seres queridos. Contábamos con un modo de vida superior al de aquí en Cuba, porque estábamos trabajando en un país que está en el centro del mundo imperialista. Cada uno tenía su automóvil, una casa que supuestamente era propiedad de nosotros, aunque sabíamos que todo eso era una falacia. La historia nos lo demostró después, cuando Olguita perdió la casa luego de mi arresto. Pero hay que decir que teníamos una vida cómoda.

De pronto, la mañana del 12 de septiembre tuvimos que tomar una decisión, como decía Antonio. Sabíamos que de un tirón nos podían quitar todo aquello que poseíamos. Pudimos haber hecho lo otro. Sabíamos que teníamos que escoger entre traicionar a Cuba y hacer lo que querían el fiscal y el FBI.

Escogimos no traicionar a Cuba. Y a partir de ese momento, cuando nos llevaron al Centro Federal de Detención en Miami, empezamos a comprender que tendríamos que quitarnos de un tirón todo lo que habíamos tenido por seguro hasta ese momento. Todo lo material que uno acumula durante años de trabajo: esta ropita, el carrito, la casita que la pusiste bonita.

Luego vino la lucha por la supervivencia como seres humanos. Ellos primero fueron detrás de nuestra dignidad, y contra ella lanzaron toda su fuerza. Unido a eso fueron tras nuestra felicidad.

Pero poco a poco uno se va dando cuenta de que es posible defender la felicidad en esas condiciones. Forma parte de la resistencia que estás haciendo al chantaje, a la arrogancia, a los abusos de los fiscales.

Había otra gente aún más infeliz que los presos durante el proceso: los fiscales. Nosotros convertimos a esos fiscales en los tipos más infelices que vimos en esos siete meses.

Martí dijo que debemos ser cultos para ser libres.

Cuando llegaban a la corte, los fiscales eran objeto de burla de todo el mundo, incluso de la gente que nos custodiaba. Eran objeto de burla de la traductora; del estenógrafo Richard, que se hizo amigo nuestro; de Elizabeth, la secretaria de la jueza; de otras personas.

Para nosotros aquel proceso, que empezaba todos los días a las 4:30 de la madrugada, era un gozo tal que cuando nos íbamos a dormir estábamos ansiosos de volver a hundirlos más al día siguiente.

Los fiscales lo tenían todo. Se levantaban, supongo, a las 6:30 o 7:00 de la mañana. Desayunaban lo que querían. Se montaban en esos vehículos suyos de 16 cilindros que consumen la mitad del petróleo de la Cujae. Se ponían la ropa que querían; la fiscal, pobrecita, tenía un mal gusto tremendo, pero bueno, ese era su gusto. [*Risas*]

Esas gentes eran de las más infelices que uno podía observar. Cuando yo saque el "diario" del juicio y vean las caricaturas de Gerardo, van a ver lo que estoy diciendo. Aquellas caricaturas circulaban entre los guardias que nos cuidaban, entre el estenógrafo, entre todos los que trabajaban en la corte.

En resumen, uno aprende a luchar por esa felicidad propia. La felicidad nuestra está adentro. Mientras más lejos la buscas, menos la vas a encontrar. [*Aplausos*]

PREGUNTA: ¿De dónde sacaron la fuerza para crear arte y las otras cosas que hicieron en la cárcel: las pinturas de Antonio, las caricaturas de Gerardo, todas las cartas que contestaron, de miles de personas en el mundo?

PREGUNTA: Otros dirigentes que han estado presos, como Nelson Mandela y Fidel, han desempeñado un papel histórico. Nosotros contamos con ustedes hoy y en el futuro como dirigentes.

PREGUNTA: ¿Cuáles son algunas de las lecciones que aprendieron de los años que estuvieron en Estados Unidos?

ANTONIO: ¿Cómo tuvimos fuerza para crear arte? Martí dijo que debemos ser cultos para ser libres. Cuando hoy hablamos de cultura, estamos hablando de lo que la revolución trajo a nuestro pueblo. ¿Cuánto analfabetismo había aquí en Cuba antes de la revolución? ¿Cuántas universidades existían? ¿Quién iba a pensar que sin revolución iba a haber una Cujae como esta?

Cuando yo venía caminando hacia acá, venía preguntándole a un compañero sobre las condiciones en que está la escuela. Me gustó ver los pasillos bien limpiecitos con las plantas. Pero sé que hay algunos problemitas aquí, como los hay en todo el país, sobre todo por la batalla económica que hemos estado dando desde 1990. Ha sido dura, dura.

Y yo le decía: Bueno, los capitalistas resuelven estas cosas de una manera. En Estados Unidos te dicen: "Yo te cobro 30 mil dólares para que tú puedas ingresar aquí. Pero como no los tienes, tendrás que sacar un préstamo del banco y frecuentemente los estudiantes terminan pagándolo durante muchos años de su vida. Los administradores de las universidades se ingresan ese dinero y sí, allí tendrás un buen sistema de aire acondicionado y otras cosas. Es el sistema de ellos.

¿Quién nos da lo que tenemos aquí en Cuba? La revolución: los trabajadores, el que corta la caña, el que trabaja. Tenemos una cosa distinta, y hay que entenderla bien antes de empezar a quejarse o hacer comentarios críticos. Tienes que tratar de buscar el fondo, no quedarte en la superficie. Ir a la raíz de las cosas.

Cuando hablé en la Escuela Vocacional Lenin, yo decía a los estudiantes que el primer deber suyo es cuidar la escuela y tratar de embellecerla, y no criticar todo el tiempo. Que piensen: ¿cómo la obtuvieron, de dónde salió?

Ahora, sobre la fuerza para crear arte cuando estábamos presos, les puedo decir que está en la cultura que nos dio nuestro pueblo, la preparación que recibimos de forma gratuita desde que éramos niños.

Cualquiera puede escribir un poema. Pero pasar 17 meses en el hueco y 16 años de prisión y que no haya una sola obra que destile el mínimo odio, sino más bien optimismo, amor y libertad, eso es diferente. Eso es producto de nuestra formación como revolucionarios. Es algo que pudimos hacer gracias a la revolución. Que después cuando te ves en la cárcel, esa formación y preparación sale a flote y te hace crear.

FERNANDO: Para nosotros la creatividad era una forma de libertad. Recuerden que ninguno de nosotros es artista de profesión. Vino de la capacidad de resistir, como hizo Tony con sus pinturas y sus poemas. Como hizo Gerardo con sus caricaturas. Como hizo Ramón con su poesía y René con sus escritos. Cada cual a su manera. Ese espíritu de resistencia es posible por la cultura que explicaba Tony.

ANTONIO: Un compañero aquí hablaba del papel histórico nuestro. Caballero, no nos hagamos muchos cuentos. Aquí no se trata de lo que tú hiciste. Se trata de lo que tú hagas. Aquí todo el mundo es importante. Que nadie venga a querer hacerse el imprescindible, el bárbaro de la película, ¿está claro?

Así lo vemos nosotros. Incluso tenemos un plan entre nosotros cinco, un compromiso de hermanos, que si mañana vemos que a uno de nosotros se le subieron un poquito los humos a la cabeza —que no le va a pasar— lo llamamos y le decimos: "Oye, me parece que no te pareces a la persona que yo conocí". Nos sentaríamos a discutirlo, porque es lo que se hace entre compañeros.

¿Quién nos da lo que tenemos en Cuba? La revolución: los trabajadores, el que corta la caña, el que trabaja.

Lo que quiero decir es que las tareas por delante son obra de todos, no una obra de tres, cuatro gentes. Los culpables de que nos tocara esta situación fueron los que nos metieron en la cárcel. De ahí vino la gran batalla de la solidaridad.

Pero el trasfondo de todo lo que pasó no es la figura de nosotros como individuos, sino el pueblo de Cuba que nosotros representamos. Lo que representa este prestigio es la resistencia de nuestro pueblo. Sí, nosotros estábamos allí, pero pudiera haberle tocado a otros compañeros que teníamos allí.

Y ya eso pasó. Ahora el cubano empieza a medir la vara: "¿A ver, cuándo vas a empezar a trabajar? ¿Qué tarea haces?"

No vamos a venir a hablar aquí lo mismo 37 veces. Mi trabajo no puede ser venir aquí todos los días a dar un teque.*
Voy a tener responsabilidades. René y Fernando las tienen. Va-

---

* En Cuba la expresión popular "teque" se refiere a una retórica que suena revolucionaria pero se vuelve vacía y tediosa por tanta declamación mecánica.

mos a trabajar como todo el mundo, de conjunto. [*Aplausos*]

En cuanto a las lecciones aprendidas en Estados Unidos. Cuando me arrestaron, el FBI buscó infructuosamente a gente que fuera a testificar en contra mía. No pudieron traer ni una sola de donde yo vivía en Cayo Hueso. Fueron a ver a la gente donde yo trabajaba. Presionaron a mi pareja, Maggie. La hicieron ir a las oficinas del FBI una pila de veces. Buscaron y buscaron pero no encontraron a nadie.

Al contrario. Yo tenía una lista como de 20 y pico de personas que conocía, y algunos fueron a testificar a mi favor. Hubo personas que me escribieron desde el primer día. Había una señora en Cayo Hueso, la que me consiguió mi primer trabajo, que todas las semanas me mandaba una postal.

Cuando venía de regreso a Cuba, yo les dije a los funcionarios norteamericanos: "Ustedes me quitan la ciudadanía estadounidense porque Obama lo puso como condición para que yo saliera. Pero lo que no me van a quitar es el cariño hacia el pueblo estadounidense que cultivé". Allí pudiéramos decir, como Martí, que conocí al monstruo porque viví en sus entrañas. Pero el monstruo no es el *pueblo* estadounidense.

RENÉ: Si yo aprendí algo en Estados Unidos, es que todos los seres humanos tenemos mucho más en común de lo que nos separa. Estados Unidos es una sociedad con bases completamente distintas a las nuestras; esa historia tiene sus consecuencias, igual que la nuestra. Pero cuando uno conoce a alguien, persona a persona, las diferencias tienden a disolverse. Lo que nos separa es este aparato, que ha sido refinado por necesidades de clases a través de miles de años. Nos ha estado lanzando siempre los unos contra los otros, ya sea enarbolando la religión, la raza o las divisiones políticas.

Yo no sé si el papel que nosotros vamos a jugar en Cuba

será histórico. Esas cosas las dice la historia. Como bien decía Antonio, la historia nuestra ahora es pasado. Somos cinco cubanos como cualquiera de ustedes. Ocuparemos una trinchera y como todos ustedes seremos juzgados por el trabajo que hagamos.

> *Nuestra historia ahora es pasado. Somos cinco cubanos como cualquiera de ustedes. Ocuparemos una trinchera. Y como todos ustedes seremos juzgados por el trabajo que hagamos.*

En las condiciones actuales se presentan peligros por los que tenemos que estar alerta. Nos van a tratar de corromper, de comprar. Van a tratar de aprovecharse de los problemas que tenemos. Van a introducirse por los intersticios que puedan abrir entre nosotros. Van a tratar de crear una clase en Cuba, la clase que nosotros por suerte pudimos expulsar del país en 1959. La van a tratar de crear de nuevo aquí. Ya se habla de empezar a estimular ciertos sectores de la economía cubana y de la sociedad con ese propósito.

Eso implica que va a haber una serie de tareas, y vamos a tener que asumirlas entre todos. La victoria la van a hacer más ustedes que nosotros. Ustedes son los que empiezan su vida laboral en estas nuevas circunstancias.

Nosotros vamos a incorporarnos a trabajar en estas circunstancias en la medida de nuestras posibilidades. A lo que podemos aspirar es que, con nuestro trabajo, seamos capaces de mantener ante ustedes este prestigio que nos ha dado este episodio.

En cuanto a la historia, me conformo con que cuando yo muera, mis hijas estén orgullosas de mí. Y si alguno de ustedes dice que yo hice algo bueno, entonces habré sobrecumplido. [*Aplausos*]

DEFENSA DE LAS LIBERTADES CONSTITUCIONALES

50 años de operaciones encubiertas en EE.UU.
La policía política de Washington y la clase obrera norteamericana
LARRY SEIGLE, FARRELL DOBBS STEVE CLARK

Cómo los trabajadores con conciencia de clase han luchado contra los esfuerzos por expandir el "estado de seguridad nacional" que es esencial para mantener el dominio capitalista. US$10. También en inglés y persa.

El socialismo en el banquillo de los acusados
Testimonio en el juicio por sedición en Minneapolis
JAMES P. CANNON

El programa revolucionario de la clase trabajadora, presentado en respuesta a cargos fabricados de "conspiración sediciosa" en 1941, en vísperas del ingreso de Washington a la Segunda Guerra Mundial. Los acusados eran dirigentes del movimiento obrero en Minneapolis y del Partido Socialista de los Trabajadores. US$15. También en inglés, francés y persa.

FBI on Trial
The Victory in the Socialist Workers Party Suit Against Government Spying
(El juicio contra el FBI: La victoria en la demanda del Partido Socialista de los Trabajadores contra el espionaje del gobierno)
MARGARET JAYKO

Relata la victoria histórica en la lucha por los derechos constitucionales. Incluye el texto del fallo de 1986 de la corte federal contra el espionaje del gobierno y fragmentos del testimonio en el juicio. En inglés. US$17

PATHFINDERPRESS.COM

LA REVOLUCIÓN SOCIALISTA CUBANA

**Cuba y Angola:
La guerra por la libertad**
HARRY VILLEGAS ("POMBO")

Cuba y Angola
Luchando por la libertad de África y la nuestra
FIDEL CASTRO, RAÚL CASTRO
NELSON MANDELA

Dos libros que narran la historia del inédito aporte que Cuba hizo a la lucha para liberar a África del apartheid. Y de cómo, al hacerlo, la revolución socialista en Cuba se vio fortalecida. US$10 y US$12. También en inglés. *Cuba y Angola: La guerra por la libertad* está disponible en inglés, persa y griego.

¡Qué lejos hemos llegado los esclavos!
Sudáfrica y Cuba en el mundo de hoy
NELSON MANDELA, FIDEL CASTRO

Mandela y Castro, hablando juntos en Cuba en 1991, abordan el papel decisivo de Cuba en la historia africana y la victoria en Angola contra el ejército invasor sudafricano, y cómo impulsó la lucha que derrocó el sistema racista del apartheid. US$7. También en inglés y persa.

El socialismo y el hombre en Cuba
ERNESTO CHE GUEVARA, FIDEL CASTRO

"El hombre realmente alcanza su plena condición humana cuando produce sin la compulsión de la necesidad física de venderse como mercancía".
—*Ernesto Che Guevara, 1965*. US$10. También en inglés, francés, persa y griego.

Las mujeres en Cuba: Haciendo una revolución dentro de la revolución

VILMA ESPÍN
ASELA DE LOS SANTOS
YOLANDA FERRER

La integración de las mujeres a las filas y dirección de la Revolución Cubana fue parte inseparable de la trayectoria proletaria de esta desde el principio. Esta es la historia de esa revolución y cómo transformó a las mujeres y los hombres que la hicieron. US$17. También en inglés, persa y griego.

Cuba y la revolución norteamericana que viene

JACK BARNES

Un libro sobre el ejemplo del pueblo cubano: que una revolución socialista no solo es necesaria sino es posible. Sobre las luchas del pueblo trabajador, y los jóvenes atraídos a ellas, en Estados Unidos, donde hoy las fuerzas gobernantes descartan las capacidades revolucionarias de los trabajadores tanto como descartaron las del pueblo cubano. Y de forma igualmente errada. US$10. También en inglés, francés y persa.

Nuestra historia aún se está escribiendo
La historia de tres generales cubano-chinos en la Revolución Cubana

ARMANDO CHOY, GUSTAVO CHUI
MOISÉS SÍO WONG, MARY-ALICE WATERS

"¿Cuál fue la principal medida en Cuba para eliminar la discriminación contra los chinos y los negros? Fue hacer la revolución socialista". Esta edición ampliada resalta la participación de los cubano-chinos en el curso revolucionario e internacionalista de Cuba, incluso en África y América Latina. US$15. También en inglés, francés, persa, griego y chino.

PATHFINDERPRESS.COM

PROGRAMA COMUNISTA Y LA CONSTRUCCIÓN DE UN PARTIDO PROLETARIO

Ya superamos el punto más bajo de la resistencia del pueblo trabajador
El Partido Socialista de los Trabajadores mira hacia adelante

JACK BARNES, MARY-ALICE WATERS
STEVE CLARK

El orden global impuesto por Washington tras su victoria en la Segunda Guerra Mundial se está desmoronando. Se acabó el largo repliegue de la clase obrera y los sindicatos. Los patrones y su gobierno aumentan sus ataques a nuestros salarios, condiciones y derechos constitucionales. Este libro destaca las oportunidades para forjar un partido obrero de masas capaz de dirigir una lucha que ponga fin al dominio capitalista y abra paso a un futuro socialista para la humanidad. US$10. También en inglés y francés.

El trabajo, la naturaleza y la evolución de la humanidad
La visión larga de la historia

FEDERICO ENGELS, CARLOS MARX
GEORGE NOVACK, MARY-ALICE WATERS

Sin comprender que el trabajo social, al transformar la naturaleza, ha impulsado la evolución de la humanidad durante millones de años, los trabajadores no podremos ver más allá de la época capitalista de explotación de clases que deforma todas las relaciones, ideas y valores humanos. Solo la conquista revolucionaria del poder estatal por la clase trabajadora podrá abrir la puerta a un mundo libre de la explotación capitalista, degradación de la naturaleza, subyugación de la mujer, racismo y guerras. Un mundo basado en la solidaridad humana. Un mundo socialista. US$12. También en inglés y francés.

La crisis política de los gobernantes de EE.UU. y la respuesta del pueblo trabajador

El historial antiobrero de los Clinton
Por qué Washington le teme al pueblo trabajador
Jack Barnes

Lo que el pueblo trabajador necesita saber sobre el curso, impulsado por el lucro, que han seguido los demócratas y republicanos por igual en los últimos 30 años. Y el despertar político de los trabajadores que buscan entender y resistir los ataques de los gobernantes capitalistas. US$10. También en inglés, francés, persa y griego.

¿Son ricos porque son inteligentes?
Clase, privilegio y aprendizaje en el capitalismo
Jack Barnes

Expone las crecientes desigualdades de clase en EEUU y las justificaciones de las capas profesionales bien remuneradas que creen que su "brillantez" las califica para "regular" a los trabajadores, quienes supuestamente no sabemos lo que nos conviene. US$10. También en inglés, francés, persa, árabe y griego.

¿Es posible una revolución socialista en Estados Unidos?
Un debate necesario entre el pueblo trabajador
Mary-Alice Waters

Un rotundo "sí" es la respuesta que se presenta aquí. Posible, pero no inevitable. Eso depende de lo que haga el pueblo trabajador. US$7. También en inglés, francés y persa.

PATHFINDERPRESS.COM

AMPLÍE SU BIBLIOTECA REVOLUCIONARIA

¡Nuevo!
La lucha contra el odio antijudío y los pogromos en la época imperialista
Lo que está en juego para la clase trabajadora internacional

V.I. LENIN, LEÓN TROTSKY
FARRELL DOBBS, JAMES P. CANNON
JACK BARNES, DAVE PRINCE

El odio antijudío y los pogromos —como el que Hamás desató el 7 de octubre de 2023— hoy son parte de las permanentes convulsiones sociales y guerras de la época imperialista. Por eso, combatir el odio a los judíos es decisivo para la clase trabajadora y las naciones oprimidas de todo el mundo. Los autores responden a la pregunta primordial: *Qué hacer para ponerle fin* de una vez por todas. US$10. También en inglés y francés.

Rebelión Teamster
FARRELL DOBBS

Sobre las huelgas de 1934 que lograron la sindicalización de camioneros y trabajadores de depósitos en Minneapolis y allanaron el camino para el movimiento social obrero que forjó los sindicatos industriales. El primero de cuatro tomos narrados por un dirigente central de estas batallas. US$16. También en inglés, francés, persa y griego.

Somos herederos de las revoluciones del mundo
Discursos de la revolución de Burkina Faso, 1983–87
THOMAS SANKARA

Los campesinos y trabajadores en este país de África Occidental crearon un gobierno popular revolucionario y comenzaron a combatir el hambre, el analfabetismo y el atraso económico impuestos por la dominación imperialista, así como la opresión de la mujer heredada de la sociedad de clases desde hace milenios. Cinco discursos del dirigente de esta revolución. US$10. También en inglés, francés y persa.

¡Nueva edición!
Che Guevara sobre economía y política en la transición al socialismo
CARLOS TABLADA

Es esencial que el pueblo trabajador tome el poder estatal, dijo Ernesto Che Guevara. "Después viene la segunda etapa, quizás más difícil que la anterior", la transición desde el capitalismo y sus valores despiadados hacia el socialismo. Esto incluye pasar del trabajo como condición obligatoria para la supervivencia, hacia el trabajo social voluntario a través del cual expresamos nuestra humanidad común. Incluye el discurso de Fidel Castro de 1987 "Las ideas del Che son de una vigencia absoluta". Nueva edición con selecciones ampliadas de los escritos de Guevara. US$17. También en inglés y próximamente en francés.

Absueltos por la solidaridad
16 acuarelas por 16 años de injusta prisión de los Cinco Cubanos
ANTONIO GUERRERO
En español e inglés, edición bilingüe. US$15

Libros de Pathfinder accesibles en formato e-book para personas no videntes, de baja visión o con otros retos para leer libros impresos.

Para obtener una lista de libros disponibles, visite: pathfinderpress.com/collection/books-for-the-blind.

Para inscribirse, visite bookshare.org.

PATHFINDERPRESS.COM

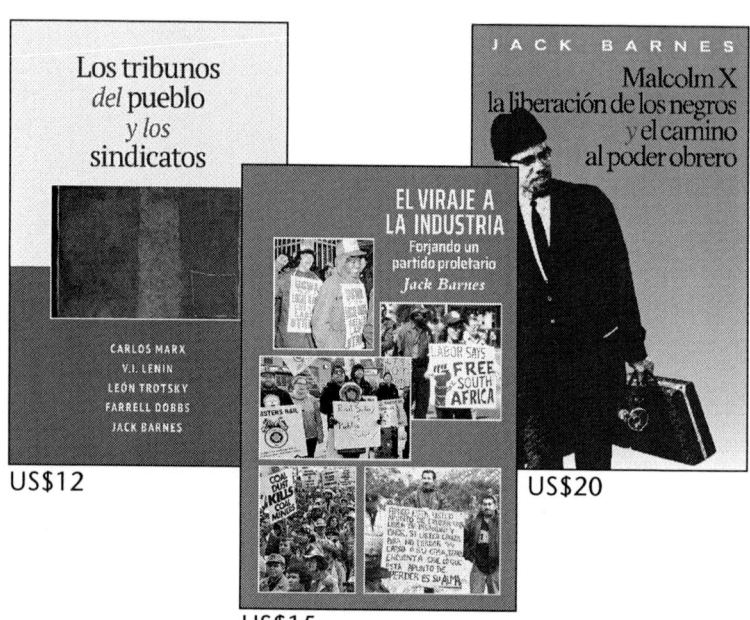

US$12 US$20

US$15

Tres libros para ser leídos juntos...

sobre la construcción de un partido que es proletario en su programa, composición y conducta. Que reconoce, con palabras y acciones, el hecho más revolucionario de esta época...

... que los trabajadores tenemos la capacidad de crear un mundo diferente cuando actuamos juntos para defender nuestros intereses, no los de la clase que se enriquece explotando nuestra mano de obra, ni los de aquellos que nos temen como "deplorables" o incluso "basura".

Al seguir un rumbo revolucionario hacia el poder obrero, vamos a transformarnos y descubrir nuestro valor propio. También en inglés, francés, persa y griego.

¡Oferta especial!
Los tres por US$30

El viraje a la industria junto con *Los tribunos del pueblo y los sindicatos*   US$20

Cualquiera de estos dos libros junto con *Malcolm X, la liberación de los negros y el camino al poder obrero*   US$25

Nueva Internacional
UNA REVISTA DE POLÍTICA Y TEORÍA MARXISTAS

NUEVA INTERNACIONAL N°. 1
Los cañonazos iniciales de la Tercera Guerra Mundial: El ataque de Washington contra Iraq
JACK BARNES

El ataque asesino contra Iraq en 1990–91 anunció crecientes conflictos entre las potencias imperialistas, una mayor inestabilidad del capitalismo y más guerras. También incluye:
1945: Cuando las tropas norteamericanas dijeron '¡No!'
por Mary-Alice Waters
Lecciones de la guerra Irán-Iraq
por Samad Sharif
US$14. También en inglés, francés y persa.

NUEVA INTERNACIONAL N°. 7
Nuestra política empieza con el mundo
JACK BARNES

Las enormes desigualdades entre los países imperialistas y semicoloniales, y entre las clases dentro de cada uno, son acentuadas por el mismo capitalismo. Para forjar partidos capaces de dirigir una exitosa lucha revolucionaria por el poder en nuestros propios países, los trabajadores de vanguardia debemos guiarnos por una estrategia para cerrar esta brecha. US$14. También en inglés, francés, persa y griego.

NUEVA INTERNACIONAL N°. 5
El imperialismo norteamericano ha perdido la Guerra Fría
JACK BARNES

El colapso de los regímenes en la URSS y Europa Oriental, que falsamente se autodenominaban comunistas, no significó la derrota de los trabajadores y agricultores en esos países. En los actuales conflictos y guerras capitalistas, ellos se han sumado a trabajadores en otras partes del mundo en la lucha contra la explotación. US$14. También en inglés, francés, persa y griego.

PATHFINDERPRESS.COM

PATHFINDER POR EL MUNDO

ESTADOS UNIDOS
(y América Latina, el Caribe y el este de Asia)

*Pathfinder Books, 306 W. 37th St., 13th Floor
New York, NY 10018*

CANADÁ

*Pathfinder Books, 7107 St. Denis, Suite 204
Montreal, QC H2S 2S5*

REINO UNIDO
(y Europa, África, el Medio Oriente y el sur de Asia)

*Pathfinder Books, 5 Norman Rd.
Seven Sisters, London N15 4ND*

AUSTRALIA
(y Nueva Zelanda, el sureste de Asia y Oceanía)

*Pathfinder Books, Suite 2, First floor, 275 George St.
Liverpool, Sydney, NSW 2170
Dirección Postal: P.O. Box 73, Campsie, NSW 2194*

ÚNASE AL CLUB DE LECTORES DE PATHFINDER
¡AMPLÍE SU BIBLIOTECA!

$10 POR AÑO
25% DESCUENTO PARA TODOS LOS TÍTULOS
30% DESCUENTO PARA LOS LIBROS DEL MES

Válido en pathfinderpress.com y los centros locales de libros Pathfinder

Visite: pathfinderpress.com/products/pathfinder-readers-club

Pathfinder
pathfinderpress.com